英华学者文库

翻译：文化传通

——王克非学术论文自选集

王克非 著

中国教育出版传媒集团
出版资助项目

Translation: The Communication of Cultures

Selected Essays of Wang Kefei

高等教育出版社·北京

内容简介

　　本书为作者多年关于翻译与文化的思考，分四个部分：一、翻译的文化传通特质，二、翻译的文化史研究，三、翻译之于语言文化，四、翻译之于思想沟通。在第一部分，作者着重从理论上阐释翻译的本质，讨论翻译研究的分类与研究的焦点问题。第二部分，阐述翻译文化史研究的意义与方法。第三、四部分使用典型案例分析翻译对语言、文化、思想沟通的影响，特别着力于中日近代翻译文化上的比较。

　　全书聚焦于翻译对于文化传通的不可替代的重要意义。亮点是既有理论上的论述，又从文化史的立场加以解析。特点是作者将翻译视为具有双重意义的中介，一方面探究源语源文化直接带给译语的印迹，一方面更深入发掘译语间接地、持续地施加于目标语语言文化的影响。

总　序

27 年前，在吕叔湘、柳无忌等前贤的关心和支持下，中国英汉语比较研究会获得民政部和教育部批准成立。经过几代人的不懈努力，如今，研究会规模不断扩大，旗下二级机构已达 29 家，其发展有生机勃勃之态势。研究会始终保持初心，秉持优良传统，不断创造和发展优良的研究会文化。这个研究会文化的基本内涵是：

崇尚与鼓励科学创新、刻苦钻研、严谨治学、实事求是、谦虚谨慎、相互切磋、取长补短，杜绝与反对急功近利、浮躁草率、粗制滥造、弄虚作假、骄傲自大、沽名钓誉、拉帮结派。

放眼当今外语界，学术生态受到严重污染。唯数量、唯"名刊"、唯项目，这些犹如一座座大山，压得中青年学者透不过气来。学术有山头，却缺少学派，这是一个不争的事实。在学术研究方面，理论创新不够，研究方法阙如，写作风气不正，作品细读不够，急功近利靡然成风，这一切导致草率之文、学术垃圾比比皆是，触目惊心，严重影响和危害了中国的学术生态环境，成为阻挡中国学术走向世界的障碍。如何在中国外语界、对外汉语教学界树立一面旗帜，倡导一种优良的风气，从而引导中青年学者认真探索、严谨治学，这些想法促成了我们出版"英华学者文库"。

"英华学者文库"的作者是一群虔诚的"麦田里的守望者"。他们在自己的领域里，几十年默默耕耘，淡泊处世，不计名利，为的是追求真知，寻得内心的澄明。文库的每本文集都收入作者以往发表过的10余篇文章，凝聚了学者一生之学术精华。为了便于阅读，每本文集都会分为几个相对独立的部分，每个部分都附有导言，以方便读者追寻作者的学术足迹，了解作者的心路历程。

我们希望所有收入的文章既有理论建构，又有透彻的分析；史料与语料并重，让文本充满思想的光芒，让读者感受语言文化的厚重。

我们整理出版"英华学者文库"的宗旨是：提升学术，铸造精品，以学彰德，以德惠学。我们希望文库能在时下一阵阵喧嚣与躁动中，注入学术的淡定和自信。"随风潜入夜，润物细无声"，我们的欣慰莫过于此。

我们衷心感谢高等教育出版社为本文库所做的努力。前10本即将付梓，后20本也将陆续推出。谨以此文库献礼中国共产党建党100周年！

中国英汉语比较研究会会长　罗选民

2021年1月5日

自 序

翻译是不同语言文化间的中介或桥梁。翻译的中介性，不单是传统上认识的将一种语言翻译为另一种语言这样直接的中介。翻译另一个重要的中介性，在于它会间接地对译入的母语及其文化产生不同程度的、有时是不可或缺的影响。

前一个中介性，学界都明白。后一个中介性，是我在多年学术研究后逐渐加深体认的。

人们喜欢引用毛泽东同志的一行名句："三十八年过去，弹指一挥间"。儿时读到这首诗词，觉得三十八年是多么漫长的时间啊，怎么就弹指一挥间地飞逝？站在 2020 年之初，编辑这本书时，回望自己的来路，发觉果真是数十年弹指一挥间！1981 年，改革开放后全国第一次招收硕士研究生，我作为一个热爱读书但未正式上过大学的青年，曾经多么渴望以一个研究生的身份进入心驰神往的高等学府！然而五年多的时间里却只能在大学门外望其项背……

那是此生不可能忘记的一段青春时光。有苦闷，但更多的是进取、期盼和与之相伴的刻苦努力。我在寻找一个突破口，一个实现梦想的门径，或者说是等待一个可遇不可求的机会。湖南人民出版社的一位老编辑给了我一个试译文学作品的机会，在那之前我曾遍读到手的文史哲名著，希冀或设计着自己的未来，能成为一个外国文学文化方面的编辑。我的第一部译作，从托尔斯泰的《战争与和平》英文缩写本翻译成中文，花了一年的业余时间；由于资源紧俏，另一个好友分享了这个难得的翻译机会。第一本译作印制成书时，颇觉得离自己外国文学编辑的梦想不太遥远了。但是，当国家在日新月异向前行进，学历成为门槛时，我仅凭一个"文革"时的中学学历，其实是跨不进出版社大门的。

也做了两手准备，没想吊在一棵树上。在地质科研所做绘图员兼资料员时，自学了一些地质专业知识，开始了当时非常需要的地质科技翻译，觉得这也许是上天关闭出版社编辑大门的同时给我打开的另一扇窗吧。从一开始半通不通的翻译，到后来读完一遍原作即直接在稿纸上下笔，常常一个晚上就译出一篇科技论文，而且一投即中，发稿连连。但现实告诉我，这扇窗有点小。

大学对于一个年轻人，永远都有挡不住的吸引力，仅一个幽静的满是书柜的图书馆就够人憧憬的。门虽未进，心向往之。自学期间的读书给了我知识，译书给了我练笔，英文科技文献给了我学术规范。终于，在第六次报考时，著名教授许国璋先生师者仁心，给了我人生最珍贵的入学读书机会！七八年的磨砺有了回报，也有了用武之地。

在先生富有学术判断的导引下，我在修完语言学、翻译学等课程后，在学术的十字路口开始选择拓展的方向。先生其时对青年鲁迅在日本留学时期的精神追索发生浓厚兴趣，我受先生指导和影响，一边学习日语，一边开始探讨和比较中日近代通过翻译摄取西方学术思想之路径，并在硕士期间申请到自己第一个国家社科基金的青年项目。后来，毕业留校，在职读博，撰文著书，出国开会，逐渐开创将翻译史同思想史、文化史结合考察的翻译文化史研究之路。当然，这里面还有许多的曲折和徘徊，特别是在导师不幸离世后，但在先生精神的熏陶下形成的学术判断力终究使自己坚持了下来，研究受到日本学界的关注，应邀在日本学术殿堂潜心研修并体认日本文化和社会。

但是在当时的外语界，翻译文化史研究是边缘的学问。我工作的北京外国语大学申请设立教育部人文社科重点研究基地，我于是暂时放下开展了十余年的翻译文化史研究，在中国外语教育研究中心挑起创建大型双语平行语料库及开展相关应用研究的重任。这一转向，就转了二十年。当然，这期间，原来的研究兴趣仍保留一只眼睛在关注，并指导学生继续翻译文化史方面的研究。大体上，我三十多年的学术探讨主要是围绕翻译文化史和双语语料库两大方向做创新性研究。本书则主要是我第一阶段或第一方向的研究成果之汇集。

我对翻译问题的兴趣，与 20 世纪八九十年代的大多数翻译讨论不同，注重的是由翻译这样的跨文化交流引发的学术和思想影响。这主要是受许国璋先生和季羡林先生等大家的影响。季先生与许先生交往不多，但相互敬重。我的硕士论文答辩和博士论文答辩，许先生都请季先生来主持，也使我从那时起有十多年时间得以经常向季先生请教。他博通中西，精于比较，高度肯定翻译在不同文化沟通中的巨大作用。他说："倘若拿河流来作比，中华文化这一条长河，有水满的时候，也有水少的时候，但却从未枯竭。原因就是有新水注入。注入的次数大大小小是颇多的。最大的有两次，一次是从印度来的水，一次是从西方来的水。而这两次的大注入依靠的都是翻译。中华文化之所以能长葆青春，万应灵药就是翻译。翻译之为用大矣哉！"我常从他论述的这个角度来思考翻译的意义。

导师许国璋先生向来不关心一般翻译理论或技巧问题，而是思考翻译在不同语言文化中的沟通意义。他特别强调翻译的阐释功能，因为他认为："历史术语和哲学术语的翻译仅从字面上翻译是有困难的，必须同时考虑其文化内涵才比较完整。"他这个观点是值得深思的。我们对不同时空、不同文化背景的思想作品或学术话语进行译介时，单从字面是很难通达的，所以需发掘文化内涵予以阐译。放眼一百多年前的中国和日本，面对西方坚船利炮的侵犯和各种思潮的涌入，如何清醒地借由翻译吸取其思想文化精华，并在困境中奋力前行，是当时两国学人所面临的大课题。应该说，两国交上了自己的历史答卷。这其中的种种翻译摄取，包含着许多有意义的课题。

也正是在长期进行这类研究之后，我深感翻译的中介作用，远不止于所谓舌人牵线搭桥，也不止于将外国文学文化译入中国或反过来的译出那样译完了之。常人所了解的这个翻译只是完成了译介沟通的一半；另一半，是译入之后，译作对译入语和译入文化持续发生的作用！中国百多年来的巨大变化不正有无数翻译中介的因素吗？

从这个认识出发，我开启了自己持久的翻译文化研究。

也由于这层意思，这本书就叫作"翻译：文化传通"。

王克非

2020 年 1 月

目　录

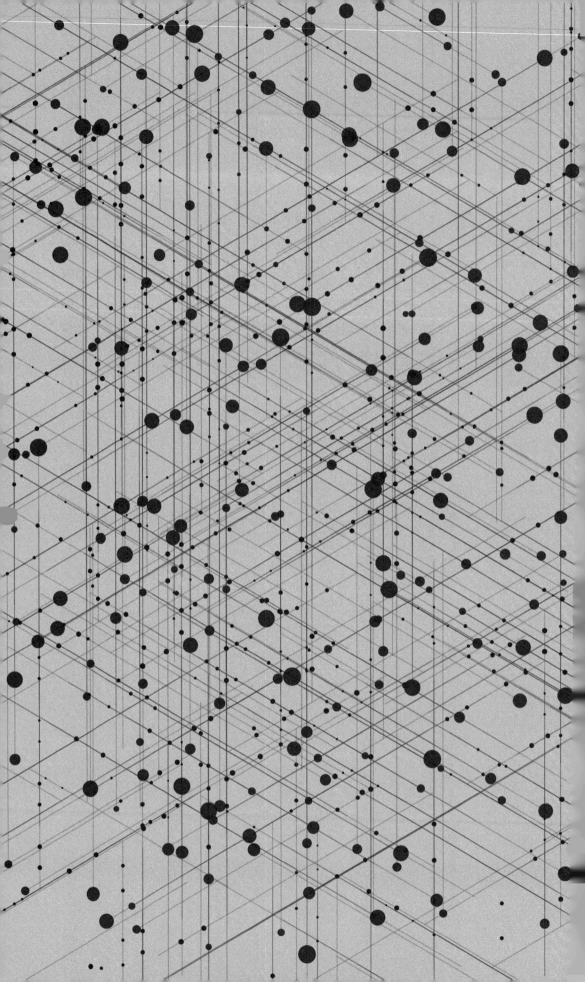

第一部分

翻译的文化传通特质

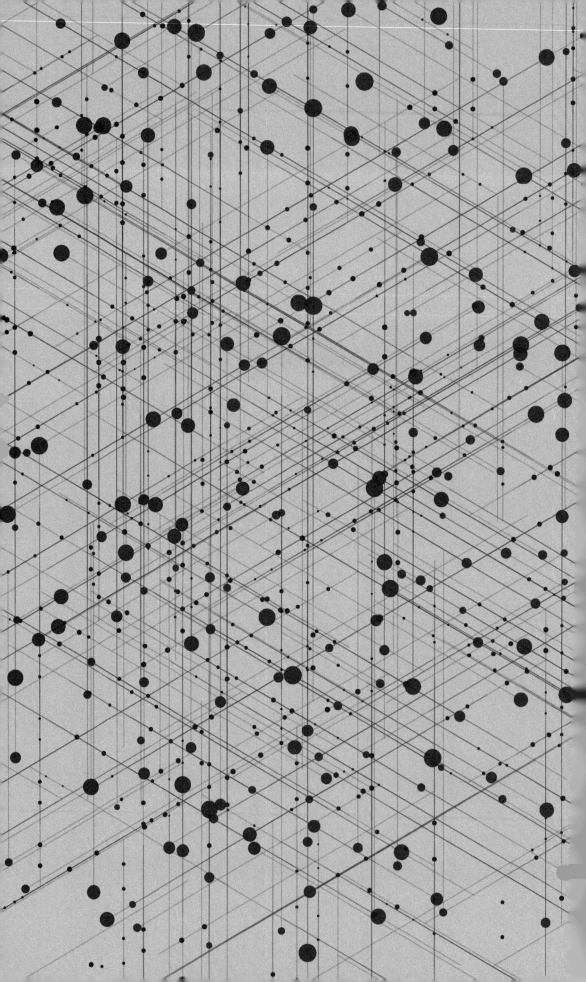

导　言

将翻译的特质认定为不同文化之间的传通，这是本书的基本观点。因此这第一部分，就是论述翻译的这一特质。

首先讨论翻译的本质。这是从三十多年前不断争论的"翻译是什么"这个问题谈起的。这里有两个关键点：如何界定翻译，如何认识翻译。我的观点很鲜明。就定义而言，"忠实""等值"之类的概念不宜加于翻译的定义中。这些对翻译的要求，是翻译的标准问题，而翻译的定义是：译者将一种语言文字所蕴含的意思用另一种语言文字表述出来的文化活动。就性质而言，我不认为翻译是科学，而认为翻译是技艺。这是翻译学与翻译的区分，这是对翻译具有实践性、灵活性和创造性的认识，而这些正是艺术或技艺的特征。

对翻译研究加以分类，也是对翻译及其研究的进一步认识，是将翻译与翻译研究（翻译学）区别开来的一个讨论，也是对翻译定义的一个延伸。

仅从翻译学，或仅从语言学来认识翻译，会有一定的局限。我们注意到中外不少哲学家都谈及翻译、论述翻译，他们的眼光独到，对我们从事翻译和研究翻译的人会有许多有益的启发。因此第四篇文章"翻译问题的哲学思考"就是看哲学家们如何认识和讨论翻译现象。其中，朱光潜先生对于翻译的第一步即字词的领会，做过详细的讨论，他从"字有所指、字有个性、字有历史、字有其音、字有衍变、字有生命"这六个方面一一加以分析，是对翻译这个跨语言、跨文化现象的深刻剖析。而金岳霖先生认为翻译不仅有译意之难，还有译味之难，也是独辟蹊径，是对翻译更高的要求。从语言表层进行翻译可能有难点，兼顾形式和内涵就更不易，而再进一步要求连蕴含的意味都发掘出来加以传译，则几乎是不可能的，因为背后的文化和传统是最大的障碍。当然，认识到这一点，努力去追求靠近理想，是每一个认真的译者的希冀，也是我们进行翻译研究时需要体认的。

翻译的文化传通，是由翻译活动所涉及的语言、文化、译者三者决定的，是由两种语言、两种文化以及不同时空决定的，而译者介乎其中，主导其行。这也是翻译研究永恒的关键词。所以，翻译研究的焦点，从古至今，变化不外乎这几个关键点。反过来，研究焦点的迁移，背后有其时代及社会原因，也是需要关注的。

思路不禁会回溯到三十多年前在青岛举办的全国第一届翻译理论研讨会。为什么迟至 1987 年才召开第一届翻译理论的研讨会？无疑是因为在很长时间里人们认为翻译只是一个活动、一种技能，不是一门学问。那一次的理论研讨，是充满激情的，令认真参会者一直难忘。那一次的理论研讨，也是后来学术道路上的良师益友相知相识的平台。在那之后的岁月里，我思考和撰写了这本书里的许多篇章。

一　翻译：在语言文化间周旋 [1]

1．翻译：语言文化间的使者

译者择书待译时，一边是外域文化，一边是本土文化。他在两种文化间比较、沟通，是文化的联系人。

译者动手翻译时，左边是原文，右边是译文。他在两种语言间选词炼句，是语言的转换人。

这就是翻译。它在语言和文化间周旋。我们从中可以看出翻译活动的三个基本要素：语言、文化、译者。

语言离不开民族、社会、文化；浸润在文化中的语言文本，其转换离不开执行转换的人（即译者）；译者则必定是某种语言文化滋润而生又受到另一种语言文化增补的人。于是，翻译成为语言文化间的信使。

2．翻译：语言功能的有益补充

在翻译三要素中，最容易看见也最容易理解的是语言这个要素。因此，从古至今对翻译的关注都从语言开始，都跟语言分不开。这既是说，若没有语言，

1　原作发表于《中国外语》2010 年第 5 期。略有修订。

翻译就无所依附，同时又是说，若没有千差万别的语言，也就不需要翻译。因此翻译与语言有天然的联系。

语言是一种符号。符号必有系统。系统则有自己的一套严密的规则。语言符号系统最重要的功能，一是交流情感、沟通信息，一是认识世界、描述万物。这是许多语言学家都谈到的人类语言的基本功能。但是，语言还有一个很重要的功能，即记载和传承上述基本功能之结果。这一记载、传承功能使人类的经验得以超越时代、跨越地域，使知识得以积累、社会得以进步。同时，语言由于这一传承，沉淀了更丰厚的文化内涵。这就使得一种语言不仅在结构上、规则上与其他语言相区别，更在语义及其内涵外延上形成自己的特性，给语言之间的转换，即翻译，平添许多困难。

语言符号系统的规则性和功能性是所有人类语言的共性，但同时也是每一种语言都有自己的个性或区别于其他语言的特点的原因。人们常说"人同此心，心同此理"是翻译的根本理据。但不同语言社团的人在认知与描述时，在交流与沟通时，要依照所使用的语言符号系统的规则，而且由于传承的关系，文化会使其认知与描述、交流与沟通都带上特有的色彩。这些规则上的差异和表述上的色彩就成了翻译的障碍。仅靠"心同此理"显然是解决不了具体的翻译困难的。

当我们说翻译离不开语言时，并不意味着翻译是语言的附庸，或语言可以完全离开翻译。本来，翻译与语言几乎是共生的，没有脱离语言的翻译。语言并不依赖翻译而生，但我们不难看到，语言的交际、认知和传承等重要功能，若没有翻译，就难以充分展开。没有翻译，人们只能在本地域而不能跟各地的人交流和沟通；没有翻译，人们对世界的认识和描述也受到局限，不能同其他地域、不同语言的人们相互分享和争辩；没有翻译，知识的传承范围有限，受益范围有限。所以，翻译可以说是语言功能的有益补充。

3. 翻译：不是翻译语言，而是翻译文化

社会文化因素也是人们在翻译活动和翻译研究中自然而然地发现的。例如

Casagrande（1954：338）在考察翻译目的时提出了"译者事实上不是在翻译语言，而是在翻译文化"的观点。

这可以从三方面来解释。一是翻译所涉及的两种语言都是一定社会文化的产物；二是翻译活动的动因及其影响都是背后有文化在起作用；三是翻译的难点有时并不单在语言的差异而是在文化的距离。当人们面对翻译问题而单从语言方面难以解释和难以解决时，当人们从更深的层面探讨翻译现象时，结合文化进行研究的呼声就越来越高。在文学翻译领域，一直存在不同于语言学派的文艺学派也是这个道理。20 世纪 80 年代，翻译研究在欧洲大陆以及后来在包括中国的世界各地都出现了一种与语言学范式迥然相异的新研究范式——文化研究范式。翻译研究中由来已久的语言学派与文艺学派之争演变为语言学派和文化学派之争。哥廷根学者还创立了翻译文化（translation culture）这一术语（来自德语 Übersetzungskultur），以描述在译入语系统中制约翻译的那些文化规范。也许是焦点在语言方面停留过久，人们便部分地开始把视线转移到另一个方面。

4．翻译：两种文化间周旋的产物

在文化学派学者看来，语言学翻译理论不仅忽视了翻译过程涉及的社会文化因素，还忽视了翻译中的译者和译者的主体性。的确，翻译转换是需要精通两种语言、熟悉两种文化的译者来执行的。译者不仅是两种语言文化之间的联系人、搭桥人，他本身就处于两种语言文化的交叉处，他产生的译作因而也处于两种语言文化的交叉处，形成交互部分。交互的语言主要为译入语言，其中会有一部分成为翻译语言（translationese； translational language），而文化则没有语言那么容易进入目标领域，因而交互文化（interculture）——在其成为交互文化之前也许还有跨文化（cross-culture）、多元文化（multiculture）的阶段——可能形成不同文化的交叉或重叠（参见 Pym 1998）。一般认为，译者仅属于一种文化即译入语文化，包括知名的理论家们也会忽略居中的交互文化这一块。例如在比较有代表性的译论家中，Lefevere 认为"译者属于他们出生或生长的文化边界内"。边界意味着两边，没有中间地带，没有交叉重叠。Venuti 从不同角度看待这一问题，但也同样认为译者属于译入语文化（他曾说将外文译成英文的译者应"捍卫自己作为英国或美国公民的权利"）。而 Pym 质疑说，自己作为生于澳大利亚、居于西班牙、从事外译英的译者，既非英国也非美国之公民。Toury 也如同上述两位（Lefevere 和 Venuti），未充分重视交互文化，但他至少还试图给这个术语明确概念。他似乎承认交互文化的存在，说"实际上最好是有一系列不同的交互文化"，每一个都属于一特定的译入语文化（参见 Pym 1998: 179），看来他未能超越译者属于某一译入语文化的观点，因而不能给翻译文学或翻译文化以明确的定位。而译者们所进行的翻译活动就是翻译文化，它实际存在于两种语言文化的交互部分，既非此（文化 A）亦非彼（文化 B），是交互文化。换句话说，翻译文化有时可能是两种文化间周旋的产物。19 世纪末，赫胥黎（T. H. Huxley）在牛津大学的讲演集 *Evolution and Ethics*（《进化论与伦理学》），经严复"达旨"似的移译，成为融赫胥黎、达尔文、斯宾塞不同思想于一书的《天演论》，成为"物竞天择、适者生存"的进化论和"自强保种、与天争胜"的警世钟，全然是生于西方而孕于中国语境的翻译文化。

5．翻译：语言因素和文化因素同等重要

关注译者的主体性、翻译活动的赞助人和翻译活动所受制的特定社会文化背景，而不仅仅是在语言层面考察翻译，实际上提升了翻译研究的层级，把翻译研究放到了"更广泛的语境、历史和常规背景中"（参见 Bassnett & Lefevere 1990: 11），而不是只知道"在原文和译文之间不厌其烦地进行比较"（同上: 4）。也就是说，翻译中的语言因素和文化因素是同等重要的，在翻译研究中，这两者也需得到同等的重视。

参考文献

- BASSNETT S, LEFEVERE A. Preface [M]// ANDRÉ LEFEVERE. Translation, history and culture. London & New York: Pinter Publishers, 1990.

- CASAGRANDE J B. The ends of translation [J]. International journal of American linguistics, 1954, 20 (4) : 335-340.

- PYM A. Method in translation history [M]. Manchester: St. Jerome Publishing, 1998.

二 关于翻译本质的认识 [1]

对翻译本质的认识，集中起来有两点：一是关于翻译是一种怎样的活动，一是关于翻译是一种什么性质的活动。前一点讨论翻译的定义，后一点涉及翻译的概念和分类。

1．对于翻译的认识

翻译是一种怎样的活动，如何给它定义？这个问题，古今中外已有许多的论述（参见蔡毅 1995），概括起来说，认为翻译是将一种语言的信息用另外一种语言传达出来，现代的认识与古代的没有实质性差异（如唐朝贾公彦说："译即易，谓换易言语使相解也。"见罗新璋 1984）。这似乎是一个分歧不大而容易认识的问题。因此中国自古迄今对翻译争论更多的不是定义，而是标准。国外近几十年译论迭出，但对翻译的界说也大同小异，只不过由于现代语言学的发展，一些译论家出于对语言分析的追求，提出翻译要"忠实""完整""等效""等值"，几成时尚。其实前面说的普遍可接受的定义已相当明白，加上完整、等值等修饰语反而模糊了定义与标准、质量的区分（参见蔡毅 1995；王克非 1997）。道理很简单，定义应当反映事物的本质特征，具有充

---

1 原作发表于《外语与外语教学》1997 年第 4 期。

分的概括性，而标准是一种程度上、质量上的要求。若按西方一些译论家的定义——如，"翻译是指首先从语义上，其次也从文体上用最切近、最自然的对等语在译语中再现原语的信息"（Nida & Taber 1969）；"翻译是将原语话语变为尽可能等值的译语话语的过程"（Wilss 1982）——将"最切近""等值"等标准概念加入其中，则中外历史上许多的翻译实践将被划到翻译之界外。这一方面有悖于翻译的功能和史实，一方面又把翻译的概念狭隘化，使可译性更受人怀疑。因为有不同语言的形式、意义上的差异和文化上的诸多因素制约，所谓等值的翻译在总体翻译中所占比例是有限的。

人们对事物的认识总是不断深入和进步的。我们认为前面所概括的关于翻译的定义，在反映翻译的本质特征上还不够充分，因此试重新定义为：翻译是译者将一种语言文字所蕴含的意思用另一种语言文字表述出来的文化活动。

对于这条定义，我们在后面第四节里再做解释，下面继续讨论对翻译本质认识的第二点，即翻译活动的性质。

2．翻译的技艺特性

对于翻译的定义，争论不算大，也不复杂。但关于翻译的性质，即翻译是一种科学还是艺术，抑或又是科学又是艺术，却争论了几十年，似乎至今仍相持不下[2]。

但这不是一个古老的问题，古代的译论中基本上是把翻译视为一种技艺。认为翻译是一种科学的观点，是受到现代语言学（特别是结构主义）发展的影响而提出来的。语言学的进步，使人们对语言的结构、功能、性质以及其与思维的关系了解得更为精细，而翻译主要是语际之间的语言转换活动，所以人们有理由相信，随着对语言的深入分析和对语言活动规律的进一步认识，翻译的秘密、翻译的规律也会被揭示出来。许多接受现代语言学理论的译论家们对此

2　1996 年 11 月在南京召开的全国首届翻译教学研讨会上，尚有不少教师
　　和研究生争论这个问题。

持乐观的态度。如 20 世纪 50 年代以来，苏联的费道罗夫、美国的奈达、英国的纽马克、法国的穆南、德国的威尔斯等，都可以说是语言学派的著名译论家，他们或是认为翻译是一种科学，或是持翻译既是艺术又是科学的调和的观点（至少曾经持上述观点）。

由于科学的权威，又由于语言学（特别是关于语义、句法的描写和阐释）的结构分析，使对翻译过程的描述更为细密，因而这一派译论观点很引人注意。对国外这些新译论的介绍，对我国影响很大。早在 20 世纪 50 年代初期，当时《翻译通报》的主编董秋斯（1951）在《论翻译理论的建设》一文中论述了"翻译是一种科学"的思想："早就有人说过，翻译是一种科学。这是什么意思呢？这是说，从这一种文字译成另一种文字，在工作过程中，有一定的客观规律可以遵循……""说是一种科学，表明它是从客观法则出发的，不是凭空想出来的……""翻译理论的建设基础有三：正确的科学方法，广泛的调查，深入的研究。建设在这样基础上的翻译理论，自身就是一种科学……"他还在文中批评了认为"翻译是一种艺术"和"翻译是一种技术"的观点。二十多年后，国外的语言学翻译思想在我国得到广泛的译介，"翻译是科学"或"翻译是科学又是艺术"的认识进一步为人们乐于接受。如纽马克的观点，"……翻译既是科学，又是艺术。说翻译是科学，是因为有些东西只有一种译法，必须学会。……说翻译是艺术，是因为有些东西能有各种不同的译法，怎么挑选适当的译语需要锐利的眼光"（参见王宗炎 1982）。奈达常修改自己的观点，但他基本上是主张翻译既是科学又是艺术的（...translating is far more than a science. It is also a skill, and in the ultimate analysis fully satisfactory translation is always an art. "……翻译远不只是一种科学，它还是一种技巧，而且说到底，完美的翻译永远是一种艺术。"）（Nida & Taber 1969）。

尽管如此，翻译的科学定性仍不能令人信服，仍时有论争（参见谭载喜 1987；张经浩 1993；林汝昌等 1995 的批评意见；又参见蓝峰 1988；刘重德 1995；谭载喜 1995；吴义诚 1997 的综述性文章）。我们认为，关键的问题在于澄清概念，必须严格区分翻译与翻译研究。翻译（translating）指的是翻译行为或过程，翻译研究则是探讨翻译行为或过程中的种种问题。认为翻译是科学，或又是艺术又是科学的观点，要么是混淆了这两个概念，要么就是对什么是科学有误解。如从上文所引董秋斯的三句话中可以看出概念的混淆：头两句说的翻译是指翻译行为或过程，后一句指的是翻译理论（即研究）；后者可以说是科学性工作，而前者只能是艺术性或技巧性工作。董秋斯等认为翻译中有客观规律可循，纽马克等因为翻译中有时只有一种必须学会的译法，故将翻译视为科学，这是对科学的误解。

我们在这里不需要再讨论科学的定义。不难理解，事物的现象和本身不是科学，对其进行系统的观察和认识才是科学。任何事物都有其运动的条件和规律，这些条件和规律本身以及遵循某种规律也不是科学，揭示和解释这些条件和规律才是科学。人说话，即人的言语活动，是对语言的运用，而任何语言都有其语音、句法、逻辑等规则，对语言的运用要遵循这些规则，但这并不是科学，只有研究语言的各种结构、规则的工作才是科学。这也就是语言（language）和语言学（linguistics）的区别。对语言运用自如，富有表现力、感染力，这显然是语言艺术的体现，不是语言科学研究的结果。因此，正如文学、绘画、音乐、雕塑等活动是艺术，而研究这些艺术的一般规律、艺术与表现对象（现实）的关系的美学是科学一样，翻译活动本身是一种技巧、一种技能，或者在达到相当高水平时可称为一种艺术——双语转换的技巧和艺术，而对翻译活动包括翻译模式、特性、要素等的综合性探讨才是科学性工作。这一点应当明确，这样我们才能认识到翻译本身不成为科学，也不是身兼科学和艺术二任的奇怪事物。

文学翻译的艺术性质很少有人质疑，这是由于文学语言的蕴意更为复杂，翻译中对双语转换的要求更高，翻译难度更大。可是对一般文字翻译，尤其是对科技文献的翻译，人们便容易认为这种翻译没有技巧和艺术，可以程序化，因而是一种科学。这种认识至少在理论上是不彻底的，我们不能将同是双语转换的翻译活动看作性质完全不同的两样事，不能一种是科学，一种是艺术。文学翻译与一般文字的翻译在语言文化等方面是有差别，但这是程度上的差别，不是本质上的差别，它们的本质仍是将一种语言文字所蕴涵的意思用另一种语言文字表述出来，只是前者复杂一些，后者简单一些。计算机不会使用语言进行文学创作，却可以合成一些简单的语句或发出一些指令，我们不能因此说这部分语言是科学。小提琴家演奏独奏曲、协奏曲是艺术表演，他拉练习曲也是技巧和艺术的训练，虽然拉练习曲没有拉独奏曲那么富有艺术性，但不能因此说拉练习曲是科学。况且我们前面已阐述，科学不是事物的现象和本身，而是对其进行系统的认识和解释。

鉴于翻译活动本身是艺术性活动，对翻译活动的特性、规律进行研究是科学性工作，调和（或综合）"翻译是科学"和"翻译是艺术"这两派观点的努力就是没有意义的，反倒模糊了翻译的概念。任何艺术都有章可循，有内在规律，而不是相反，翻译艺术也不例外，因此对翻译的特性、规律等问题的研究会有益于翻译技术的提高和艺术的修炼（参见王克非 1997）；反过来，对翻译进行科学研究，也不能忽视翻译活动的艺术特性，否则会使研究僵化、不切实际。

3. 翻译艺术：实践性、灵活性和创造性

说翻译是艺术，不如说翻译是一种艺术性活动。这里的"艺术"概念不同于文学、音乐、戏剧、绘画等艺术，它是操作性的，是一种高超的技能，一种运用自如、炉火纯青的技术。因此翻译艺术是译者综合运用语言等各方面知识和技巧进行双语转换的艺术。这也是翻译的特殊性决定的。翻译处理的是两种语言以及两种语言背后的两大片文化。

翻译的原理并不复杂，就是理解原文，并用译文表达出来，但实际操作却是困难重重。因为各种语言、文化都是长期的历史发展的产物，它们在形式、结构、意义上有着或大或小、或明显或细微的差异，企图将原作所包含的思想、情感，甚至形式特点、联想意义都"忠实"或"等值"地在译作中体现出来，这几乎是不可能的，尤其是不可能指望找出几条规律、应用几个模式就达到满意的翻译。科学不是万能的，翻译首先是一个需要艺术的天地，需要艰苦学习，获得对相关语言及文化知识的充分掌握，需要长期实践，修炼出灵活的、富有创造性的双语转换技巧、艺术。

我们可以看看有成就的学者兼翻译家的思考与论述，再看几个例子。

王佐良（1993）说："（翻译）需要修养、经验、历史感、想象力，需要根据原作的不同情况随时调整自己的方法。翻译本来就是一种调和的、辩证的艺术。"

杨武能（1993）说："文学翻译已公认为是一门艺术，一种必须通过人的心智活动才能完成的艺术再创造。"

这些论述突出了翻译艺术的创造性。因为在翻译中要想兼顾原作的形式和内容，译者需要创造性的思维活动，艺术性地组合成新的形式内容统一体，尽管这种艺术创造性是在两种语言间的有限空间里的"戴着镣铐的舞蹈"。

> 例1：Night and fog didn't worry the...vets.
>
> 夜色沉沉，大雾弥漫，可这并没有使……退伍军人感到忧虑。
>
> 例2：His discourse, says Speidel, "became lost in fantastic digressions."
>
> 斯派达尔说，希特勒的话"越说越远，越说越离奇，最后不知说到哪去了。"

在这两例中，例1在词语的处理上，例2在句子的安排上，都体现出译家不拘泥于原文，创造性地解决了翻译中的一些难点。照字面直译，也能勉强译出，但缺乏创造性转换，读之会索然无味。

方平（1992）说："（翻译家）在文学翻译的忠实性和文学翻译的艺术性中间不断地作出自己的选择。"

杨武能（1993）说："实质上，文学翻译不妨称之为一种判断和选择的艺术。"

这些话表明了翻译艺术中的灵活性、选择性，不仅是在众多选择中取最适合者，而且是在不同上下文里对同样的词、句做不同的灵活处理。

> 例3：Fine feathers make fine birds.

对这句谚语，陈文伯（1987）在不同的上下文里分别译为："佛要金装，人要衣装"和"人靠衣裳马靠鞍"。

例4：There wasn't much to do except watch the calendar.

若照译成"除了看着日历外……"，此句意思和"味"都出不来，王宗炎据上下文灵活处理，按义加词，译成："除了眼看着日历一张一张撕下来之外，再没别的事可做了。"（《光荣与梦想》）如此翻译才见出艺术性。

林语堂（1933）谈翻译时说："翻译是一种艺术。凡艺术的成功，必赖个人相当之艺才，及其对于该艺术相当之训练。"傅雷（1957）说："翻译重在实践，我就一向以眼高手低为苦。……曾经见过一些人写翻译理论，头头是道，非常中肯，译的东西却不高明得很，我常引以为戒。"林、傅等名家都特别重视翻译艺术的实践性，这并不仅仅是经验之谈，也符合艺术养成的原理。

例5：It（the Army）cost roughly a quarter of one percent of today's military juggernaut and looked it.

当时军费仅仅约为今天的庞大开支的千分之二点五（上下）；果然，一分钱，一分货。

这个例子中的后几个词是很难译的，我们试过一些学生，没人译得好。上面例5的译文是王宗炎和毕朔望所为，均为实践丰富、匠心独运的老译家。

例6：Last night I heard him driving his pigs to market.

没有多少实践经验的译者可能会把此句译成："昨夜我听见他把猪赶到市

场上去"。

而实践经验丰富的译者才知将此句译为"我昨夜里听见他鼾声如雷"，至少知道这里不能照字面翻译。像例1、例2的翻译，也都是非经实践磨炼和灵活转换，不可能做到。

强调翻译的艺术性、技巧性，就是突出其中的实践性、灵活性和创造性，这对于翻译的教与学尤其重要。我们不能指望归纳出若干条规律规则或建立几个模式，就教人学会翻译。学习翻译别无捷径，只能通过大量的学习和阅读，精细地掌握好外语和母语，丰富语汇的储藏；只能通过大量地学习和比较前人、他人的佳译，吸收和领悟其中之高妙；也只有通过大量的实践，逐渐加深对翻译的认识和提高解决翻译疑难的能力。毋庸置疑，各相关学科，特别是语言学的发展及其成果在翻译研究上的应用，使我们对翻译、翻译的过程有了更全面、更深入的认识，使翻译教学和翻译实践做到知其然，也知其所以然。这也是对翻译进行科学研究的部分价值（翻译研究还有重要价值，参见王克非1997）。但是翻译的本质决定了它的技术性、艺术性，如奈达在《语言、文化与翻译》（参见 Nida 1993）第十章"翻译理论"中所说，翻译理论只是帮助人们理解翻译，或评价译作的几条原则而已，对翻译实践的指导作用是有限的。

4. 翻译的定义

我们在前面提出了新的翻译定义：

> 翻译是译者将一种语言文字所蕴含的意思用另一种语言文字表述出来的文化活动。

这条定义显而易见的两点，是突出了"译者"和"文化"。人们通常认为，翻译当然是由译者进行的，不言自明，言则多余。其实，并不尽然。我们过去论翻译，往往更多地注意译出语、译入语，对译者在翻译活动中的特殊意义注意得不够。在从译出语（及其文化）到译入语（及其文化）的翻译活动中，译者处于居中的位置，他的素质（对两种语言文化的熟悉程度）、动机、所处（社会文化）环境、翻译观、文化观甚至年龄和性格等，都有可能影响他的翻译。如果只是静止地看到翻译涉及的两种（或两种以上）语言，看不到（或不够重视）译者在其中的主体作用，许多翻译现象就得不到充分解释。重视译者，这也是翻译的本质、翻译的艺术性所决定的。翻译之所以称为艺术，就是给译者以施展技艺的自由和天地，使其在两种语言文化之间随心所欲而不逾矩地转换腾挪。所以王佐良（1993）说翻译需要译者的修养、经验、历史感、想象力，译者应当是一个文化人；杨武能（1993）说文学翻译是一种必须通过人的心智活动才能完成的艺术再创造。

由于突出译者的作用，我们又能认识到定义中"文化"的因素，因为人（译者）是一定社会文化的产物，他的活动必定反映出一定的文化意义，甚至往往是社会文化的原因决定了译者译什么、怎么译。这一点对于认识翻译的社会文化意义，对于翻译史的研究，尤为重要。

限于篇幅，我们仅举一例来说明这两点。译例取自许国璋，他是注重译者的作用和翻译的文化意义的。他（1991：248）认为，"翻译目的，在于便利不懂外文之读者，如不懂外文之读者读之不懂，翻译者不能说尽到责任"。他避"词译"，求"释译"，即按词的文化史涵义，综合运用丰富的知识和技巧，达到明白畅晓的翻译。

> 例 7：The authority of science, which is recognized by most philosophers of the modern epoch, is a very different thing from the authority of the Church, since it is intellectual, not governmental. No penalties fall upon those who reject it; no prudential arguments influence those who accept it. It prevails solely by its intrinsic appeal to reason. It is, moreover, a piecemeal and partial authority; it does not,

like the body of Catholic dogma, lay down a complete system, covering human morality, human hopes, and the past and future history of the universe.

科学的权威，已为近世多数哲学家所承认。此一权威，殊不同于教会的权威。科学权威，理智的力量也；教会权威，统治的力量也。人于科学权威，可以拒绝，可以接受。拒绝，无须受惩罚。接受，无须出于保身家保名誉之考虑。科学所以有权威，唯一原因，是科学有内在的足以令人折服的力量。再者，科学的权威，明一理有一理之权威，明二理有二理之权威。科学的权威，止于已明之理；不若天主教义，乃包罗万象之体系，道德准则，人生理想，甚至世界之过去与未来，无一不在此体系之内。

（许国璋 1991：252-253）

再请对比一般的翻译：

科学的威信是近代大多数哲学家都承认的；由于它不是统治威信，而是理智上的威信，所以是一种和教会威信大不相同的东西。否认它的人并不遭到什么惩罚；承认它的人也决不为从现实利益出发的任何道理所左右。它在本质上求理性裁断，全凭这点致胜。并且，这是一种片段不全的威信；不像天主教的那套教义，设下一个完备的体系，概括人间道德、人类的希望、以及宇宙的过去和未来的历史。

（罗素《西方哲学史》（下），马元德译，商务印

书馆，1976：4）

　　两种汉译文请读者自己比较。请留意许译中标下画线的字句，我们认为，那是其佳胜之处。我们的论述和译例，都是要说明翻译的艺术特性，说明在对翻译本质的认识中，不可不重视译者和文化的因素。

参考文献

- 蔡毅.关于国外翻译理论的三大核心概念——翻译的实质、可译性和等值 [J].中国翻译，1995（6）.

- 陈文伯.关于英谚介绍的几个问题 [J].现代外语，1987（2）.

- 董秋斯.论翻译理论的建设 [J].翻译通报，1951（4）.

- 方平.文学翻译是选择的艺术——翻译莎剧《麦克贝斯》有感 [J].中国翻译，1992（2）.

- 傅雷.翻译经验点滴 [N].文艺报，1957（10）.

- 蓝峰.科学与艺术之争——翻译研究方法论思考 [J].中国翻译，1988（4）.

- 林汝昌，李曼珏.翻译、翻译模式与对等译论 [J].中国翻译，1995（3）.

- 林语堂.论翻译 [G]// 罗新璋.翻译论集.北京：商务印书馆，1984：417-432.

- 刘重德.关于建立翻译学的一些看法 [J].外国语（上海外国语大学学报），1995（2）.

- 罗新璋.翻译论集 [G].北京：商务印书馆，1984.

- 谭载喜.必须建立翻译学 [J].中国翻译，1987（3）.

- 谭载喜.中西现代翻译学概评 [J].外国语（上海外国语大学学报），1995（3）.

- 王克非.论翻译研究之分类 [J].中国翻译，1997（1）.

- 王宗炎.纽马克论翻译理论和翻译技巧 [J].翻译通讯，1982（1）.

- 王佐良.文学翻译中的语言问题 [J].中国翻译，1993（2）.

- 吴义诚.翻译研究的几个问题 [J].中国翻译，1997（2）.

- 许国璋.许国璋论语言 [M].北京：外语教学与研究出版社，1991.

- 杨武能.尴尬与自如 傲慢与自卑——文学翻译家心理人格漫说 [J].中国翻译，1993（2）.

- 张经浩.翻译不是科学 [J].中国翻译，1993（3）.

- 中国对外翻译出版公司.外国翻译理论评介文集 [G].北京：中国对外翻译出版公司，1983.

- NEWMARK P. The theory and craft of translation [C]// KINSELLA V. Language teaching and linguistics: surveys. Cambridge: Cambridge University Press, 1978.

- NIDA E A，TABER C R. The theory and practice of translation [M]. Leiden: E. J. Brill, 1969.

- NIDA E A. Language, culture, and translating [M]. 上海：上海外语教育出版社，1993.

- WILSS W. The science of translation: problems and methods [M]. Tubingen: Gunter Narr., 1982.

三 论翻译研究之分类 [1]

　　分类，是对考察对象的深入，是科学研究的深化。譬如语言学的研究，已从传统的语音学、词汇学、句法学、语义学等少数几种分科，扩展到更多、更精细的分科或跨科研究，如语用学、话语语言学、认知语言学、社会语言学、心理语言学、应用语言学等，由此，我们对语言的认识才更为充分。翻译研究也是如此。

　　翻译研究分类不是翻译分类。关于翻译的分类，可有 1）口译和笔译——按翻译工具分；2）文学翻译和非文学翻译——按翻译客体性质分；3）人工翻译和机器翻译——按翻译主体性质分；4）语内翻译（intralingual translation）、语际翻译（interlingual translation）和符际翻译（intersemiotic translation）——按符号代码分，等等。做出这样的划分（参见 Jakobson 1959），便于我们更清楚地认识和解释种种翻译现象。

　　由于有上述翻译分类，研究也就依对象不同而分别进行，如研究口译或笔译、研究文学翻译或非文学的翻译等。总之，翻译研究的分类使研究对象更明确，而不致因对象太综泛而模糊和混乱。不过我们这里不讨论这些细类，而探讨比较抽象的大类的划分。认识分类问题，有利于我们用不同的方法处理不同性质的研究对象，最终促进翻译学科的发展。

1　原作发表于《中国翻译》1997 年第 1 期。第 3 节有修补。

1. 翻译的含义

翻译一词兼有动词、名词意义。作动词时，它指的是翻译行为，即把一种语言的信息用另一种语言表述出来的行为；作名词时，它可以抽象地指称翻译行为的过程，也可以指翻译行为的产物，即译品。Roger T. Bell 曾专门以 *Translation and Translating* 为名写了一本书，其中说到 translation 有三义（1991：13）：

1）translating 指翻译的过程（即翻译活动，而非翻译本体。如："请你把这篇文章<u>翻译</u>一下。"）。

2）a translation 指翻译过程的产物（即译作。如："近年来我们对西方现代派作品做了大量的<u>翻译</u>。"）。

3）translation 是抽象概念，既包括具体的翻译过程，又包括翻译过程的产物，即涵盖前二义（如"林纾的<u>翻译</u>""<u>翻译</u>研究"）。区分出翻译的具体意义和抽象意义是为了明确翻译研究的分类。

2. 翻译研究的分类

我们一般把翻译研究分为三类，如王佐良先生（1987）在"新时期的翻译观"中提出分为"理论探讨""译文品评"和"译史研究"三类，这似乎未见异议，也基本符合翻译研究的历史情况。不过，前两类意义不十分清晰："理论探讨"是对具体的翻译行为、翻译技巧进行理论探讨，还是兼有抽象的翻译理论探讨？如果兼有，就显得比较宽泛，不如区分应用型和基础型翻译研究，主要就后者开展理论探讨。而"译文品评"似乎也是从理论和技巧两方面进行的，它与前一类有相重，区别只在于一个是针对翻译行为，一个是针对翻译成品。

我们曾在"论翻译文化史研究"中提到"翻译研究一般分为三个方面，即翻译理论、翻译技巧和翻译历史的研究"（参见王克非 1994）。谢天振（1994：160）论及翻译研究时，认为有如下三类：第一类属外语教学范畴，第二类属翻译理论范畴，第三类属翻译史范畴。这两种分类基本一致，所谓外语教学范畴，主要是研讨具体的翻译技巧。下面我们论证这样的分类，并进一步做些调整。

出于对翻译问题的复杂性的认识，我们认为全能的翻译学模式是不可能成立的，如将其分为三大类分别予以研究则比较可行。这三大类是：

1）Studies on translating，即具体的翻译研究，可称为翻译技巧（或方法）研究，属实用型研究，对于外语教学和翻译能力的培养有直接的意义。研究内容和方法多为比较原语和译语的异同，包括词汇层、句子层等层次的比较，词义、语法的比较，以及语用和社会、文化因素的比较，探讨特殊结构的翻译处理等，总之，是关于对外语的理解和母语的表达。在这种研究中，语言对比研究途径显然是最主要的。通过分析，我们可以探寻出一些带归纳性的翻译方法，对具体的翻译无疑会有一定的指导意义。我们在培训译员或学生的翻译能力时，实际上也常常是这样做的，各种翻译教科书也注意吸收和体现这方面的研究成果。

2）Studies on translation，即抽象的翻译研究，可称为翻译理论研究，属基础性研究。它对于外语教学和翻译能力的培养，有一定意义，但不像1）那样有直接的指导意义。这种研究重在解释翻译的性质、功能、双语转换机制、语言与思维的关系等，并且不仅仅是从语言学，还借鉴文艺学、符号学、社会学、心理学以及接受美学等学科的理论来解释种种翻译现象。这种理论研究通常是抽象的、宏观的，但有助于我们加深对翻译的认识，是对第1）类研究的指导。例如它把翻译过程抽象为读码、解码、编码的过程，它注意到翻译中的语言以外的种种因素，如文化因素、风格因素，它注重翻译主体的知识构成、心理机制等。又如，转换生成语法研究加深了我们对语言层次的认识、对语言深层结构和表层结构及其关系的认识，有利于翻译时的理解与表达，以及对种种表达的选择。话语语言学的研究成果则使我们对语篇有了新的认识，在翻译中区分分析单位和转换单位。

另一方面，对翻译实质、翻译转换机制的理解研究还会对许多相关学科如对比语言学、语用学、话语分析、人工智能、哲学、思维科学等有所促进，对自动翻译（机器翻译）的研究更是大有裨益。不过我们以为，不可过高估计这种理论研究对具体翻译实践的指导意义。

3）Studies on translation in a cultural context，即翻译文化研究，它将翻译史、翻译与文化相互作用的研究包括在内，比过去提的翻译史研究有更丰富的内涵，比较文学界常以这一角度看待历史上的翻译。其也可以称为翻译文化史研究，因为通常是以既往的翻译对于文化的意义、作用为研究对象，有一段或长或短的时间距离。例如中世纪阿拉伯人翻译了大批古希腊典籍，不仅推动了阿拉伯学术研究，而且保存了古希腊文化精粹，使后来的欧洲学者得以从阿拉伯文中将这些希腊典籍译成拉丁文，反过来促进了欧洲的学术研究。又如中国汉晋以至唐宋时期的佛经翻译，不仅传来了一种宗教思想，更从哲学思想、文学思潮、创作题材以及语言文体等方面给中国文化以深远的影响。正是从翻译文化史上，我们能够更清楚地认识翻译的意义，认识到翻译虽是两种语言文字的转换，但又绝不仅仅是两种语言文字的转换，它代表了社会的交往、文化的沟通与互惠互促。

综上所述，我们的研究分类以第一类处理翻译中具体、微观、实用的问题；以第二类处理翻译中抽象、宏观、理论性的问题（前者对实际翻译提供帮助和指导，后者对前者提供一种认识和理论上的指导）；以第三类探讨翻译的作用与意义，同时拓宽我们对翻译的认识。三者结合，构成翻译学科的基础框架。

3．研究分类之于翻译教学

从上面关于翻译研究的分类可以看出，翻译教学或翻译人才培养（我们现在主要谈笔译，口译虽大同小异，但教学方法是另行一套），主要与第一类研究，即具体的翻译技巧和方法的研究有关。所谓"翻译无理论"说，大概也只会否认第二类理论研究对于实际翻译的作用，而不会连第一类也否认。

第二类研究虽不像第一类那样对实际翻译有直接的指导意义，但是由于这类研究的发展能够加深我们对翻译的认识，尤其是对于语言转换、对于语言以外其他因素的意义的理解，所以在翻译教学中，第二类理论研究成果也应适当介绍，对于更高一级的翻译人员的教学则应再增加这部分的分量。

关于第三类研究成果在教学上也只需作适量介绍即可，因为这些研究重在学术上而不是在教学上。

第一类具体翻译研究成果对于外语、翻译教学有直接的指导意义，已是无可怀疑的，许多翻译教材也采用了这些研究成果，收到了良好的效果。当然，方法上还可以再改进，编写可更合理好用。不过我们认为，这些方法和理论上的教学，在安排上最多也不宜超过20%，这是出于对翻译实践是一门艺术的认识，而艺术是需要大量的练习的。在两种语言都很精通的时候，翻译几乎是一件自然而然的事情，这是应当承认的。前辈学者朱光潜、吕叔湘、王宗炎等大家的翻译即可说明这一点，他们把外语和本族语都学得很好，在翻译时认真从事，所以译出优秀的译品，想必在此之前没有修过专门的翻译技巧课。开设翻译技巧或方法研究课程，可以使学员的知识系统化一些，运用翻译技巧更自觉和纯熟，但大量的课程安排还宜留给读书和练习。翻译教学离不开以下五门课程（在外语已学到相当的水平时）：翻译实践（汉译外、外译汉）、中外文阅读、译作研评、翻译技巧与翻译理论。其中，中外文阅读主要靠学员课余进行，这个课型的重要性尚未引起注意。大量地阅读外文书，不仅是阅读文学书籍，也多读各种非文学书籍，这对于熟悉种种外文结构、表达方式，了解背景文化和各科知识，都是极为必要的，还有利于学习者在外译汉时正确地理解原文，汉译外时地道地使用外文。大量地阅读中文书则是丰富母语词汇和表达方式、增强母语句式语感的必由之路，这样在外译汉时才能对所理解的原文表达无碍，应付裕如。各门课程在时间的安排上可考虑：翻译实践30%，中外文阅读20%，译作研评20%，翻译技巧15%，翻译理论5%，其他10%。

4. 分类与翻译的定义

由上述研究分类综合考察翻译，我们不妨提出一个一般性的对翻译的认识，或关于翻译的定义，即，翻译是译者将一种语言文字所蕴含的意思用另一种语言文字表达出来的文化活动。

这个定义似能照顾到上述三项分类。

应当看到，定义不是标准，二者不宜混为一谈。定义应反映事物的本质，同时具有一定的容量；而标准是某种程度的要求，容量相对较小，对于不同对象、不同情况，可以有一定的灵活性。如"信达雅"，我们视之为翻译的标准。也可以说这是翻译的高标准，绝对地做到从理论上讲是不可能的，但"取法乎上"并不排斥"仅得其中"。至于定义，如果我们严格地使用忠实、准确、完整等修饰词，有史以来的许多翻译实践就可能被拒之界外，因为古今中外都有不少欠忠实、准确的译作，且不说因为文化差别或语言难度大而造成的欠忠实的译作。钱钟书先生曾表述过这样的意见："在各国翻译史里，早期的译作往往相当于译述或改写，以求把外国的事物变得尽量接近'国货'，以便本国读者容易理解和接受"（见张隆溪 1986）。如果按忠实的标准定义，这一类翻译，包括林纾的翻译等，将被划出翻译之界外，这显然有悖于翻译的功能和史实。因此，像"翻译是指首先从语义上，其次也从文体上用最切近最自然的对等语在译语中再现原语的信息"（见 Nida 1964）这样的定义太接近标准，也就太严苛而理想化了。

不过我们关于翻译的定义虽然照顾到前述分类的三个方面，但具体到某一方面，情况会略有不同，或还需要做些补充。例如，对于第一方面即具体的翻译研究而言，需要比较严格和切用的标准做一定限制，尤其是考虑到这方面的研究与外语教学、翻译教学关系紧密。它要求是尽可能真正意义上的翻译，因此在上述定义之后，亦可补充一句：翻译中对原作要力求忠实于其内容，兼顾其形式，顺畅地表达，或以此为一般标准。当然，另一方面，我们也不能让定义迁就某些翻译史上的事件和现象，不能因为某些译述、改编，就将翻译的定义放得很宽，甚至以译作的文化史意义为据认为翻译不必忠实。翻译的文化史意义与翻译的基本性质是两回事。

参考文献

- 谭载喜，Eugene A.Nida. 论翻译学的途径 [J]. 外语教学与研究，1987（1）.

- 王克非. 论翻译文化史研究 [J]. 外语教学与研究，1994（4）.

- 王佐良. 新时期的翻译观———一次专题翻译讨论会上的发言 [J]. 中国翻译，1987（5）.

- 谢天振. 比较文学与翻译研究 [M]. 台北：业强出版社，1994.

- 张隆溪. 钱钟书谈比较文学与"文学比较" [G]// 北京师范大学中文系比较文学研究组（选编）. 比较文学研究资料. 北京：北京师范大学出版社，1986：89-95.

- BELL R T, CANDLIN C. Translation and translating: theory and practice [M]. London: Longman, 1991.

- JAKOBSON R. On linguistic aspects of translation [G]// BROWER R A. On translation. Cambridge, Mass: Harvard University Press, 1959.

- HORNBY M S et al. Translation studies: an interdiscipline. Selected papers from the translation studies congress [G]. Amsterdam: John Benjamins Publishing Co, 1994.

- NEWMARK P. The theory and craft of translation [C]// KINSELLA V. Language teaching and linguistics: surveys. Cambridge: Cambridge University Press, 1978.

- NIDA E A. Toward a science of translating: with special reference to principles and procedures involved in *Bible* translating [M]. Leiden: E. J. Brill, 1964.

四　翻译问题的哲学思考 [1]

半个世纪前，有数位哲学家参加了关于翻译问题的探讨。本文述介哲学家们的观点，并着重从翻译的哲学基础、翻译的基本问题、翻译的难处和翻译的价值等方面进一步分析，肯定区分译意与译味的意义，提出翻译研究不仅要注重语言也要注重文化上的转移。

1．绪言

从理论上讲，翻译活动是伴随人类交往而开始的，特别是如果按照 G. Steiner（1975）的观点"理解就是翻译"，我们可以说人类自有语言交往就有翻译发生了。因此，翻译差不多是同语言一样古老的问题。关于翻译的争论也同关于语言的争论一样，几千年来不曾休止。从马祖毅的《中国翻译简史》和谭载喜的《西方翻译简史》即可看出，古今中外不乏关于翻译的论述。如果说现代以前（按 G. Steiner 1975 的说法，19 世纪初以前）的关于翻译的论述是传统的、经验型的，现代的种种翻译理论虽有进步，也仍不能圆满回答翻译难题。翻译理论的文艺学派已不像过去因有许多文豪发表宏论而声势浩大，而翻译理论的语言学派得益于近几十年语言学研究不断产生的新理论、新方法，已在翻

1　原作发表于《外语教学与研究》1996 年第 4 期。

译研究课题上占了上风。不过翻译毕竟不单单是个语言问题，因此仅从语言上解释它，也渐有力不从心之感。哲学家们怎样看待翻译呢？中西译史上少有哲学家的意见。然而约半个世纪前，也仅在那大约十年的时间里，我们却先后见到有艾思奇（1937）、贺麟（1940）、陈康（1942/1982）、朱光潜（1944）和金岳霖（1948/1983）五位哲学家认真地思考和论述翻译问题，从哲学思辨的角度进行探讨，真是弥足珍贵。我们过去没有发现或足够地注意到这一点，也许是把他们的论述也划入传统译论而当作过时的东西了。现在我们沉下心来，综合思考一下这些关于翻译的哲学论述，相信会有裨于对于翻译的认识和对于翻译理论的建设。

2. 翻译的哲学基础

伊赛亚·伯林说："哲学大师们的中心思想本质上都是非常简单的"（麦基编《思想家》52页，生活·读书·新知　三联书店，1987）。这是哲人的过人之处，即能深刻地把握问题的核心、实质。对于翻译，哲人们先要穷究翻译之理。

> 从哲学意义上讲，所谓翻译又是什么意思呢？翻译乃是译者（interpreter）与原本（text）之间的一种交往活动（communication），这种活动包含了理解、解读、领会、移译等诸多环节，其客观化的结果即为译文（translation），它是译者与原本之间交往活动的凝结和完成。而译文与原本之间的关系，亦即言与意、文与道之间的关系……言为心之声，为意之形……意属形而上，言属形而下，前者为一，后者为多。二者颇似哲学中谈论的体与用、道与器的关系。就此理解，意与言、原本与译文应是统一的，道可传，意可宣。某一真意，可用土语

向本乡人传达，可用京话向国人传达，可用文言与白话向旧、新人传达，亦可用英、法、德文向异邦人传达。翻译的哲学基础，即在于"人同此心，心同此理"，心同理同之处，才是人类的真实本性和文化创造之真正源泉；而同心同理之处亦为人类可以相通、翻译之处，即可用无限多的语言去发挥表达之处（参见贺麟1990）。

这段关于翻译的哲学基础的论述，是贺麟在1940年提出、半个世纪后又在一篇序文中再次申述的（略有变动）。金岳霖（1983）写于20世纪40年代、成书于80年代的《知识论》也以简明的语言表述了类似的思想："所思都是普遍的。普遍的意念无分于特殊的时空，当然也无分于不同的语言文字或引用不同语言文字的人"。

这两段话是哲学家对可译性问题的回答，也是对翻译的本质的认识。其核心思想是：意一，言多；意是体，言是用；言为心之声，意之形。这个一与多、意与言、体与用的逻辑关系，就是对待翻译问题的辩证认识：其一，表明翻译是可能的；其二，说明翻译以达原文之意为主，因为译文与原文是一意的两种语言形式。

3．翻译的基本问题

然而世界上的事物极复杂，语言的表述与蕴意也是极复杂的。我们在总体上可以说所思是普遍的，可以说意一言多，言为心之声、意之形。但我们在使用语言表意时，又常有以言表意未能尽意、以言载道未可尽道之感，而在翻译中这种感受尤为明显。有些语言形式可能是意一言一，甚至意多言一的，如一些回文、双关语和含意丰富的诗句。像"黄鹤一去不复返，白云千载空悠悠""寻寻觅觅，冷冷清清，凄凄惨惨戚戚"等句，它们的语言形式几乎是不可改变的，而包含的意味却是多而引人遐想的，即言一而意多；言变，即意亦变，不复有原意原感。我们通常习惯于区分内容与形式、深层与表层，这在许多场合下也是可行的，但在对待艺术作品时，事情就并非简单了，两者有时是不可划分开的。不仅断臂的维纳斯、永恒微笑的蒙娜丽莎、贝多芬的交响乐、门德尔松的协奏曲是不可更替形式的完整艺术品，语言艺术之作也常是不可完全划分或更替的。

所以，哲学家们认识到，在翻译时，第一要注重译意，即注重对原作义理的了解和意味的把握，这是"意一言多、意是根本"的翻译哲学思想决定的。第二，还要注意"译意"与"译味"之分别。这实际上也是取决于原作的性质；陈述事实、申论真理的文字与不仅达意而且传情的文学作品应区别对待。金岳霖在思考语言作为表意或命题的工具这一问题时，以哲学家的眼光，将语言分别出"意"与"味"，从而提出翻译有"译意"和"译味"之分，这是很独到的、很值得深入探究的观点。与本民族语言特点（语言、句法结构等）和文化（词句的特殊蕴意和联想）相系紧密的作品，尤其是诗作，其形式之美，大半不能译，需重新创作，即把握原诗意义、情境之深蕴后新创一相应的美的形式传达之。对于这一点，贺麟（1940）也有同感："原诗是出于天才的创造，精神的感兴，译诗亦应是出于天才的创造，精神的感兴。原诗具有文字本身之美，译诗亦应具有文字本身之美。……所以我们一方面要承认诗是可以翻译的，一方面又要承认诗之可译性是有限的"。因此，我们同意"意一言多"是翻译的哲学基础，同时也应意识到有意一言一甚至意多言一的难题。

对于翻译中直译、意译这个基本问题，贺、金二位哲学家没有正面回答，但他们的观点是明确的。贺麟认为应"义译"（意译），根据是意一言多，故翻译时首先应把握住"义"。他说的义译与通常人们说的意译是不一样的，是以义（意）为主，意言兼顾。意言不能兼得时（如译诗），要据意创作出新的意言兼得之作，而不拘原作形式。金岳霖则不作直译、意译之分，而以译意和译味分别之。译意，即把原文字句意念上的意义用另一种语言文字表达（所思是普遍的，具有共性）；译味，即把原文字句所有的各种情感上的意味用另一种语言文字表达（所感也常是普遍的，但有个性）。他的译意倒略接近于普通所谓直译，译味略近于意译，但区别也是显然的。

对于直译、意译，有的哲学家使用了这对术语，但他们的基本认识是不同意截然地区分直译和意译："直译和意译，不能把它看做绝对隔绝的两件事"；讲直译，实际目的应是尊重原著，"'意'的作用不过为了要帮助原作的了解，帮助原意的正确传达，同时也是帮助直译的成功"（参见艾思奇 1937）。艾的论点可以理解为直译、意译不可分，所谓意，是确解原意，所谓直，是正确地传达原作之意，两者统一起来了。朱光潜（1944）更明白地说："直译和意译的分别根本不存在。忠实的翻译必定要能尽量表达原文的意思。思想情感与语言是一致的，相随而变的，一个意思只有一个精确的说法，换一个说法，意味就不完全相同。所以想尽量表达原文的意思，必须尽量保存原文的语句组织。因此，直译不能不是意译，而意译也不能不是直译"。

从这段话看，朱光潜强调言意不可分，所以意译也同时须是直译。这貌似与前面贺麟说的"意一言多"相悖，但实际上是两位哲人讨论问题的出发点不同。贺麟是针对神秘主义哲学家，针对不可译的论点，论证意一言多故而可译，认为在翻译中，首在抓住原文义理，出以另一种语言文字，而不可斤斤于语言文字的机械对译，不可为形式技巧之末节而使译文生硬呆板，以致影响义理。朱光潜则是针对人们对直译、意译的模糊认识而做上述论述的。他反对有人认为意译可以"粗枝大叶地摘取原文大意"，故主张依意直译，直译、意译无分。言与意虽关系极密，有时换言即变意，翻译中需十分注意，但"同时我们也要顾到中西文字的习惯不同，在尽量保存原文的意蕴与风格之中，译文仍应是读得顺口的中文。以相当的中国语文习惯代替西文语句习惯，而能尽量表达原文的意蕴，这也并无害于'直'"。（参见朱光潜 1944）朱光潜自己在翻译时的工作程序是，先尽量照原文直译，不违背作者原意，然后丢开原文，按中文行文习惯将译文修改得顺畅，这就表明原"意"仍是最重要的，语言上能否保存原样则要视母语习惯而定。因此可以说，在翻译要尽可能首先传达原文蕴意这一点上，几位哲学家的观点是一致的。

由此牵涉到近百年里争论更多的"信达雅"问题。出于对翻译的哲学基础的认识，即"意一言多"，以不同的语言文字传达普遍的意念，哲学家们几乎都是重视原作的"意"，因而力主一个"信"字，而非"信、达、雅"并列、对等。这一点，艾思奇（1937）表述得最明白："翻译的原则总不外是以'信'为最根本的基础，'达'和'雅'对于'信'，就像属性对于本质的关系一样，是分不开的然而是第二义的存在"。

哲学家如此将"信"作为翻译之第一义，"达、雅"为第二义，是因为原文是表达某种意念、情感的语言体，它本身是"达"的，也有其修辞特点。译文若做到了"信"，那意味着对原文整体的"信"，而不是将原文意、言分开，只信于原文之意。所以朱光潜（1944）进一步阐述道："所谓'信'是对原文忠实，恰如其分地把它的意思用中文表达出来。有文学价值的作品必是完整的有机体，情感思想和语文风格必融为一体，声音与意义也必欣合无间。所以对原文忠实，不仅是对浮面的字义忠实，对情感、思想、风格、声音节奏等必同时忠实"。这个意义上的"信"，实在是包含了"达"和"雅"的，是很高、很难的，因此，绝对的信只是一个理想，悬之以信，乃是为了尽量符合它、接近它。

陈康则从另一个角度论述了以"信"为绝对的、第一位的观点。他认为"信"是翻译的天经地义，不"信"，就根本谈不上翻译。"达"则是相对的。"所谓'达'，从客观方面看，乃指人从译文里可以顺利地得到原文中的意义"（参见陈康1982）。他同时又指出，达不只是同译文顺畅与否有关，还同读者对原文的内容是否有知识上的准备或相应水平有关（这当然主要是指学术著作）。所以陈康（1982）在论述自己翻译哲学著作（柏拉图《巴曼尼得斯篇》）的原则时说："'信'是这篇翻译的不可动摇的基本条件。'达'只相对于在系统哲学方面曾受过不少训练、关于希腊哲学又有相当了解的人。'雅'，只在不妨害'信'的情形下求其完备"。显而易见，陈康认为"信"是第一位的、坚定不移的，"达""雅"只是相对于信而言的。而且对于学术著作的翻译，"达"还与原文学术深度或译文读者接受水平相关，不单是译文的问题。

概括地说，哲学家们对于翻译的基本问题的认识是一元论、二分法的，即"信"是第一位的，信里包含"达""雅"，或者说"达""雅"附着于"信"；"信"于原意是首要的，因此强调译意（义译），但言意是互为一体的，译意时须尽量兼顾言。

4．翻译的难处

从事翻译的基本条件是必须精通母语和至少一门外语，做到这一点已是相当难了。更困难的是，仅仅精通两种语言文字还不够。首先，在翻译前，要读透原文，若是文学书，更要读懂、懂透文字背后的蕴意；其次，在领悟原文蕴意后，还需忠实而不能过于自由地将其移植到另一种语言文字之中，并使之浑然一体。前一个难点使译者的困难大于一般的阅读者，后一个难点使译者的困难大于用母语思维和写作的原作者。因而，朱光潜先生纵然学识渊博、中西文皆佳，仍认为"译一本书比自己写一本书要难得多"（参见朱光潜 1944）。

翻译难点很多，主要有哪些？从几位哲学家的论述看，翻译之难在于传达原文的"意"和"味"。

原文的意要靠字词表达，而"字义难在彻底了解"，因为字词有种种不同的意义，朱光潜（1944）对此有精深的分析。我们概括如下：

1）字有所指，即字义不仅仅是字典上所给出的意义，且不仅仅是一种意义。

2）字有个性，即字义依作者、依上下文而定，有创造力的作者往往避免熟字陈义，而赋以新生命、新形式。如杜甫名句："红豆啄残鹦鹉粒，碧梧栖老凤凰枝"。有人以为此句应为"鹦鹉啄残红豆粒，凤凰栖老碧梧枝"才通。但是这么一改，意思就不一样了。杜甫原句重在"红豆"和"碧梧"（红豆是鹦鹉啄残的那一粒，碧梧是凤凰栖老的那一枝），而改后的句子则重点放到鹦鹉和凤凰身上了。因此，个性化的字句需译者细心且具备文学修养才能透解。

3）字有历史。这主要是指字词有文化上的、民族心理上的情感和联想。像英文中的 castle、shepherd、nightingale、sea 等字词给英国人引起的心理反应会与中国人的不同，而中文里的风、月、梅、菊、笛、礼、阴阳等字词给中国人的联想也非西方人所能感受或理解。

4）字有其音。这一点在精致的文学作品（如诗、散文）中尤显突出。中、英文在语音上差别很大，而字句要传神，谐音和节奏等是不可缺少的表达手段，要在译文中抓住字义的同时又兼顾到字音是极困难的，常常是可遇而不可求的。

5）字有衍变。这指的是字义有旧、新、古、今之别。如是，两种语文的翻译不仅有空间上的距离，还有跨越时间的距离。

6）字有生命。这是指字词除了有所指意义之外，还有情感义，引申义，典故、隐喻及双关等修辞义。

以上这六种字义上的理解与翻译之难，又尤以第3）、4）、6）种为最。这些困难，有的是语言上的（语义的、语用的、语音的），有些显然是文化上的，单从语言上不易解决。

从金岳霖对译意和译味的区分和论述可以进一步认识翻译在语言和文化上面临的困难。

前面讲过，译味比译意更困难、更复杂，因为"味包括种种不同的趣味与情感，而这些又非习于一种语言文字结构又同时习于引用此语言文字的历史环境风俗习惯的人根本得不到"（参见金岳霖1983）。译味的困难主要不是在语言上，而是在文化上，在字句所寄托的情感、联想上，这是与民族文化、历史分不开的。金岳霖（1983）举例说，"二加二等于四"这类客观陈述句子容易翻译，因为就意念来说，二之为二无分于不同的语言文字，但"杏花细雨江南"句，虽没有不能翻译的字，但要译出情味来非常难；"'高山仰止，景行行止''卿云烂兮，糺缦缦兮'，这类句子何等庄严堂皇，念起来总不免悠然神往，可是，要翻译似乎就没有办法。"

诗歌之难译，也在于味，在于文化的积蕴。诗之所重，即不完全在味，也一大部分在味。即有时我们注重意，我们也似乎是想因意得味。……诗所要传达的是意境。所谓意境似乎不是意念上的意义，而是境界上的意味。这意味更是不能独立于历史风俗习惯环境山河城市。（参见金岳霖1983）

单译味，或单译意，已是不易，若要意与味二者得兼则更是难上难。翻译不是全能的，是有限度的。所谓等值翻译这一表述是不能成立的。要承认翻译的难度，并为之找出解决的办法，包括妥协的、折中的办法。金岳霖就认为，意与味不能俱得时，有时只好取味而舍意，为此还需重新创作。这是很大的让步，听起来似乎背离了注重"意"的翻译正轨，但这正是辩证地处理翻译难题。坚持一元论，还需有两分法，意、味不可兼得时只好有所取舍。诗歌以味为重，科学的陈述论证无疑是要取意的，"重味则取味，重意则取意"。不过，实际做起来也很难。我们的批评多指向于"意"上有亏损的翻译，"味"上是否有补偿、是否信而达，则很少注意；对于重味而取味、于意有所亏的翻译如何给予理解、给予研究，应是值得注意的课题。

我们讨论了译意与译味，以及允许对于重味的原作在翻译时取味而舍意，却不可忘记译意仍是首要的。从翻译的哲学基础、从知识论的立场上看，都是如此。金岳霖下面一段话（1983）就郑重说明了这一点：

我们既然注重命题，在语言文字方面我们当然注重陈述句子。既然如此，我们所注重的是意念上的意义，因此对于翻译，我们注重译意而不注重译味。在译意的立场上，我们如不得已而有所舍，则我们所舍的是味。

5. 翻译的价值

对于翻译的价值，哲学家们均极为看重，并有所论述。我们认为关于这一点说得最清晰的是贺麟（1940；1990）。翻译有传播文化、传播学术之功能，对于社会的文明进步极有实用价值，这是中外历史都证明了的。翻译又因此有促进和繁荣文化之功效、启发创新之作用，这也是不难想象的。翻译最有益的价值和意义，还是在于它对文化上的贡献：内化外学。对中国来说，翻译可以华化西学，"使西洋学术中国化，灌输文化上的新血液，使西学成为国家之一部分"。翻译不仅仅是介绍他国思想、学术、文化，更重要的是有助于本国思想、学术、文化的充实与进步。我们不能只指望懂外语的人从外文文献中了解外域思想，外域思想只有被翻译成本国语言文字，也就是说，本国的语言文字中已有词汇可以表达新的思想、新的概念，这种新思想、新概念才真正化为我们自己的东西，为我们所吸收、所运用。翻译正是在这种使外来学术内在化、增添精神财富、解除落后桎梏、促进思想自由与发展的意义上，体现出真正的无可替代的价值。

6. 结语

本文关于翻译的哲学思考的要点是：

1）翻译之理在于"意一言多"；

2）"信"是第一位的，但绝对的"信"只是理想；

3）翻译以译意为主，区分译意与译味；

4）翻译之难，既有语言上的因素，还有文化上的因素；

5）翻译的价值体现在内在化外来学术思想。

参考文献

- 艾思奇.翻译谈 [J].语文，1937（1）.
- 陈康.柏拉图巴曼尼得斯篇译序 [M]//柏拉图巴曼尼得斯篇.陈康，译.北京：商务印书馆，1982.
- 陈福康.中国译学理论史稿 [M].上海：上海外语教育出版社，1992：343-346.
- 贺　麟.论翻译 [J].今日评论，1940（9）.
- 贺　麟.《译名论集》序 [M]//张岂之，周祖达.译名论集.西安：西北大学出版社，1990.
- 金岳霖.知识论 [M].北京：商务印书馆，1983.
- 斯坦纳.通天塔——文学翻译理论研究 [M].庄绎传，译.北京：中国对外翻译出版公司，1987.
- 朱光潜.谈翻译 [G]//中国翻译工作者协会《翻译通讯》编辑部.翻译研究论文集（1894-1948）.北京：外语教学与研究出版社，1984：353-363.

五 翻译研究的焦点、迁移与整合[1]

语言、文化、译者是翻译活动的三大要素，翻译研究的焦点因此主要集中在这三个方面，或者在这三个方面之间迁移。但三者又是相互关联的，单强调某一方面而忽视另外的方面，或反过来，都不利于翻译研究的发展。作者提出整合是翻译研究的发展趋势。其一是翻译研究的语言学派和文化学派的整合，其二是研究译者的整合能力，其三是探讨翻译文本涉及的文化习俗、表达方式和文体特性等如何在另一个语言层面进行多种整合。

1．翻译研究的焦点

翻译是两种语言之间的转换过程以及转换后的产物。语言离不开民族、社会、文化，浸润在文化中的语言间的转换离不开执行转换的人即译者。可见，语言、文化、译者是翻译活动的三大要素，翻译研究的焦点也主要集中在这三个方面，或者在这三者之间迁移。

在翻译三要素中，语言要素最为紧要，也最容易感知，古今中外的翻译都是先从语言认识翻译，或从翻译进一步认识语言。正因为各地语言千差万别，

1　原载胡庚申编《翻译与跨文化交流：嬗变与解读》。上海外语教育出版社，2010。有所删补。

才需要翻译进行联络沟通。由此可见，翻译与语言密不可分，要理解翻译必得理解语言。

2. 翻译的语言底色

语言是什么？语言学家对它做过各种描述，下有各种定义，据说不下百种。比较而言，我们看重以下定义：

> 语言是人类特有的一种符号系统，当它作用于人与人的关系的时候，它是表达相互反应的中介；当它作用于人和客观世界关系的时候，它是认知事物的工具；当它作用于文化的时候，它是文化信息的载体和容器。（参见许国璋 1991）

这段话点明了语言的基本性质和基本功能。我们知道语言是一种符号，或者更严格地说，是有严密规则的符号系统。如上述定义所说，这一符号系统的重要功能，就是交流情感、沟通信息（处理人与人的关系），也是认识和描述世界（处理人与客观世界的关系）。一般语言学家都认可这两点。但是，语言另有一个重要功能，即承载上述基本功能之结果，承载人们的情感交流，承载人们的认识和思考。这个承载功能使一切人类文明——无论何种语言，得以超越时代、跨越地域，知识因之积累，社会因之进步。同时，也正由于语言的承载，任何民族的文化都得以积累、沉淀，从而更加丰厚。

语言符号系统的规则性和功能性是人类语言的共性，但由于文化信息的承载、历史的积淀，各种语言都形成了自己的个性，即区别于其他语言的特性，不仅在结构上、规则上与其他语言相区别，在语义的内涵、外延以及文化蕴含上也构成独特性，这使语言之间的交流变得困难，同时翻译的必要性更为凸显。

翻译跟语言的紧密关系还表现在，对语言的每一个新认识或每一个新解释、新理论，都会被运用到翻译研究中来，使人们对翻译现象的认识有所加深，推动翻译研究向前发展。从佛经翻译及其研究中，我们可以看到对语言的关注，包括形、音、义等方面。当代语言学的发展更是给翻译研究带来极大的突破，可以说在翻译研究中形成了一个语言学范式。例如 Vinay 和 Darbelnet（1958）在对英语和法语公共指示语进行比较文体分析后，提出 7 种基于对原文和译文语言分析的翻译步骤模式，至今仍有相当的影响。在 Nida（1964）、Catford（1965）以及 Neubert（1985）等学者的推动下，凭借语言学理论研究翻译在 20 世纪中期后取得了长足的发展，成为翻译研究中最具影响力的研究范式。早先乔姆斯基转换生成语法及其关于语言表层和深层的认识为许多翻译学者津津乐道，被广泛地借鉴于翻译研究，包括机器翻译研究。后来韩礼德系统功能语法理论的提出，又引起翻译研究者极大的兴趣。因为，正是在功能上，我们看到语言与翻译的紧密联系，看到对于翻译过程的描写和翻译现象的认识，需求助于系统功能语言理论和语言分析，如借助于概念功能、人际功能和语篇功能学说。翻译是在源语言和目标语言之间寻求对应的转换：如对应关系的焦点放在词汇语法层，转换就可能偏向直译；如对应关系的焦点放在语句以上的语篇层，转换就可能偏向意译。但翻译的转换不能只考虑概念意义，还需寻求人际意义（如语言表述者的角色、态度、动机等）和语篇意义（如表达方式、修辞形式等）。

从语篇分析模式看，语言功能在语言表层结构中的实现是与社会文化环境紧密相连的。社会文化环境决定了要用什么样的语篇体裁，而语篇体裁的体现则取决于语境中三个重要的因素，即"语域"（register）分析中的三个变量：语场（field）、语旨（tenor）和语式（mode）。语场指的是正在发生什么事，所进行的社会活动的性质、特点，以及语言所谈及或描述的是什么；语旨指的是谁是交际者，他们的基本情况、特点、地位、角色和关系等；语式指的是语言在交际中所起的作用，包括交际渠道和修饰方式。语场、语旨和语式跟语言的三个纯理功能相互联系：语场体现了语言的概念功能，语旨体现了语言的人际功能，而语式则是语篇功能的具体体现。由此可见，系统功能语言学可以描述从社会文化环境到语篇体裁、语域、话语意义与话语结构各种层次的现象及其之间的关系。而这几方面的意义又最终可能指向制约语言的社会文化语境。

3．翻译的文化底色

前文提到语言与文化密不可分，在跨语言的翻译活动背景下，文化的底色更为凸显。因此，翻译不仅仅是一个语言交流转换的活动，更有文化交流转换、互通有无的性质。所以德国学者 Casagrande（1954：338）就直接指出："译者事实上不是在翻译语言，而是在翻译文化"。其实，翻译就是表面是语言、实质是文化的活动。这可以从几个方面来认识。其一，翻译涉及的两种语言都是一定社会文化的产物。其二，翻译活动的动因及影响，其背后都是文化在起作用。其三，翻译的难点常常并不在语言的差异上，而是在文化的距离上。

所以，无论古今中外，面对翻译问题，解释翻译现象，单从语言方面不易自圆其说时，或者希望从更深的层面探讨翻译现象时，学者就会结合文化进行探讨。过去是这样，如翻译研究的文艺学派，现在更是这样，如 20 世纪 80 年代以来的翻译研究的所谓文化转向，就是一种与语言学范式迥然相异的文化研究范式的兴起。

文化学派的学者认为翻译不只是语言的变更，在这个过程中会涉及诸多社会、文化、历史的因素，而语言学范式的翻译理论常会忽视这些因素，也容易忽视翻译中的译者及其主体性。这的确有道理。在翻译中，译者并不只是两种语言的沟通转换者，他本身就处于两种语言及其背后的文化之中，其译介过程自然会受两种语言、两种文化的暗示和影响，其译作也会处于两种语言文化之间，形成交互部分，可能偏源语言、源文化多点，也可能偏目标语言、目标文化多点，是一个融合体。对它的理解或解读、接受或拒绝，同样摆脱不掉社会、文化的因素。

中国的学者也认识到翻译背后的文化及其重要性。王佐良（1987）认为翻译背后是两大片文化，因此翻译不只是语言的转换，更有文化的融入。许国璋（1991）所提"阐译"说，认为学术著作的翻译，不仅要"立言"，还要"立解"，从而建立自己的话语体系。

许国璋的阐译论很有哲学高度。我们理解其有三层含义。其一，从哲学观上，他认为"翻译目的，在于便利不懂外文之读者，如不懂外文之读者读之不懂，翻译者不能说尽到责任" "哲学著作的翻译家肩上负有完整介绍一种哲学体系的责任。他的责任超过翻译：他还必须要为自己的文化引进一种概念系统。因而，首先着眼的不宜是词而应是它的定义，不必是符号施指而是符号受指，不必是约定俗成而是立言立解"。他突出翻译的文化引进功能和"立言立解"职责，正是对翻译最重要的评价和最深刻的认知。其二，从文化史上，他指出："历史术语和哲学术语的翻译仅从字面上翻译是有困难的，必须同时考虑其文化内涵才比较完整。"尤其是对不同时空、不同文化背景的学术术语进行译介时，单从字面是很难通达的，所以需发掘文化内涵予以阐译。其三，从文体学上，他主张"通译，切译，言之有文的翻译……词句照译，隔涩之译，以新闻体文字译学术论著，是不足取的" "译文力求醒豁，不按词典译义，而按词的文化史涵义翻译。不按单句翻译，而按句段译出。用流水句法，不用三四十字的竹节句"。这一点，与他的哲学观和文化史立场是一致的，其所谓通译、切译，就是阐译。而阐译所面对、所处理的就是语言翻译背后的文化问题。

4. 翻译研究焦点的迁移

如前所述，语言问题长期占据翻译研究的焦点地位。无论中外，一千多年的翻译研究主要是从语言学的角度讨论翻译的忠实与否、是直译还是意译，包括翻译单位分析等语言内部的对比和转换研究。翻译的文艺学派则不满足于语言学派仅从语词转换进行的分析，力主从整个作品本身即文学的高度来理解翻译。事实上，翻译的文化转向可以说是从文艺学派发展而来的，进而将翻译中涉及的社会、文化、历史等问题全部纳入翻译研究的视野。近半个世纪以来，翻译研究最明显的转变是逐渐从传统的语言学和文学（或比较文学）的视角转向文化的视角，即所谓翻译研究的文化转向。

这一转向萌生于 20 世纪 70 年代末。以色列学派的埃文－佐哈尔（Even-Zohar）（1978，1990）提出多元系统论，认为"文学作品是社会、文化、文学和历史整体框架的组成部分"。我们也曾在 20 世纪 80 年代探讨过将翻译现象置于社会历史大环境下进行解释的可能性，这就是将翻译史与思想文化史结合起来进行研究（参见王克非 1989）。至 20 世纪 90 年代，苏珊·巴斯内特（Susan Bassnett）和安德烈·勒菲弗尔（André Lefevere）在他们合著的《翻译、历史与文化》（*Translation，History and Culture*，1990）书序中首次明确提出翻译研究的"文化转向"，其观点是将翻译同社会、文化、历史以及意识形态更紧密地联系起来考察，尤其是强调文化在翻译中的作用。翻译研究的文化阐释或文化学派开始蓬勃发展。文化学派的学者认为语言学派提倡的文本分析或对照分析往往局限于较低的语言层次（如词、句、句群、段落，最大也超不过语篇），不能处理"文学文本的多层复杂性"（参见 Hermans 1985：10）。因此，文化学派试图取代语言学派的研究途径，提出翻译研究应努力挖掘翻译背后所体现的意识形态、译者主体性、翻译活动赞助人和翻译活动所受制的历史文化环境。Bassnett 和 Lefevere 强调文化转向，实质上就是强调采用现代文化研究方法和角度来探讨和解释翻译现象。文化研究在近年还越来越注意翻译在构成文化认同（cultural identity）和塑造民族文化本质特征中发挥的作用。十多年来，这一文化转向潮流汹涌，将翻译与意识、权力、操控、霸权、女权主义以及后殖民主义等联系在一起，使翻译研究多少显得有了些政治意味，而距离翻译的语言本体渐行渐远，这种现象也开始引起一些学者的担忧。

但语料库翻译研究的兴起，似乎有将翻译的语言学研究朝文化研究转向又再次转移过来之势。语料库翻译研究有两点值得注意：其一，语义观转变为情境观，突破了传统的"对等"翻译，而将其视为一定社会文化情境中语言使用的对应。其二，描写翻译研究范式打破了原作的主宰地位（参见 Baker 1993：236-241；Laviosa 2002：5）。可见，语料库翻译研究的兴起是以突破"对等"为核心概念工具的源语文本取向模式（ST-oriented model），由规定转向描写，以大规模翻译文本整体作为数据来源，在结合计算机分析技术的基础上产生的。描写翻译研究率先抛开了传统做法，对语言相互作用及其影响、目标语文化内部制约翻译活动的种种文本外因素给予了更多关注，从而可能将翻译研究迁移至一个跨学科领域，以便从多个视角加以审视。

5．翻译研究的整合

由上述关于翻译研究的焦点及焦点迁移的讨论，我们可以进一步看到翻译与语言和文化有着密不可分的关系。单从任何一个方面研究翻译都能帮助人们认识和解释翻译现象，但同时又会失之偏颇。

实际上，翻译中语言、文化和译者三者之间是紧密相关联的。我们应当以整合的观点看待翻译，研究翻译这一特殊语言文化现象。

整合包括几个层次。首先是翻译研究的语言学派和文化学派的整合，即把翻译所涉及的两大方面有机地结合起来：从语言分析探究翻译作品的文化倾向，从文化考察解释翻译作品的语言问题。其次是注意研究译者的整合能力，包括他的语言能力和认识水平、翻译策略等。最后是翻译研究应探讨翻译文本涉及的文化习俗、表达方式和文体特性等是如何进行语言层面的多种整合的。这些大致就是今后翻译研究的发展趋势。

参考文献

- BAKER M. Corpus linguistics and translation studies: implications and applications [M]// BAKER M, FRANCIS G, TOGNINI-BONELLI. Text and technology: in honour of John Sinclair. Amsterdam: John Benjamins, 1993: 233-250.

- BASSNETT S, LEFEVERE A. Preface [M]// BASSNETT S, LEFEVERE A. Translation, history and culture. London and New York: Pinter Publishers, 1990.

- CASAGRANDE, J B. The ends of translation [J]. International journal of American linguistics, 1954, 20 (4) : 335-340.

- CATFORD J C. A linguistic theory of translation: an Essay in Applied Linguistics [M]. Oxford: Oxford University Press, 1965.

- EVEN-ZOHAR I. Papers in historical poetics [C]// HRUSHOVSKI B, EVEN-ZOHAR I. Papers on poetics and semiotics. Tel Aviv: University Publishing Projects, 1978.

- EVEN-ZOHAR I. Polysystem studies [J]. Poetics today, 1990, 11 (1) : 1-268.

- HERMANS T. Images of translation: metaphor and imagery in the renaissance discourse on translation [M]// THEO HERMANS. The manipulation of literature: studies in literary translation. London and Sydney: Croom Helm, 1985: 103-135.

- LAVIOSA S. Corpus-based translation studies: theory, findings, applications [M]. Amsterdam: Rodopi, 2002.

- NEUBERT A. Translation across languages or across cultures? [M]// JANKOWSKY, K R. Scientific and humanistic dimensions of language. Amsterdam: John Benjamin, 1985: 231-240.

- NIDA E A. Toward a science of translating: with special reference to principles and procedures involved in *Bible* translating [M]. Leiden: E.J. Brill, 1964.

- VINAY J-P, DARBELNET J. Stylistique comparée du Français et de l'anglais: méthode de traduction [M]. Paris: Didier, 1958.

- 罗新璋（编）. 翻译论集 [M]. 北京：商务印书馆，1984.

- 王克非. 从中村正直和严复的翻译看日中两国对西方思想的摄

取 [J]. 外语教学与研究，1989（4）.

- 王克非 . 关于翻译本质的认识 [J]. 外语与外语教学，1997（4）.

- 王佐良 . 新时期的翻译观——一次专题翻译讨论会上的发言 [J]. 中国翻译，1987（5）.

- 许国璋 . 许国璋论语言 [M]. 北京：外语教学与研究出版社，1991.

第二部分

翻译的文化史研究

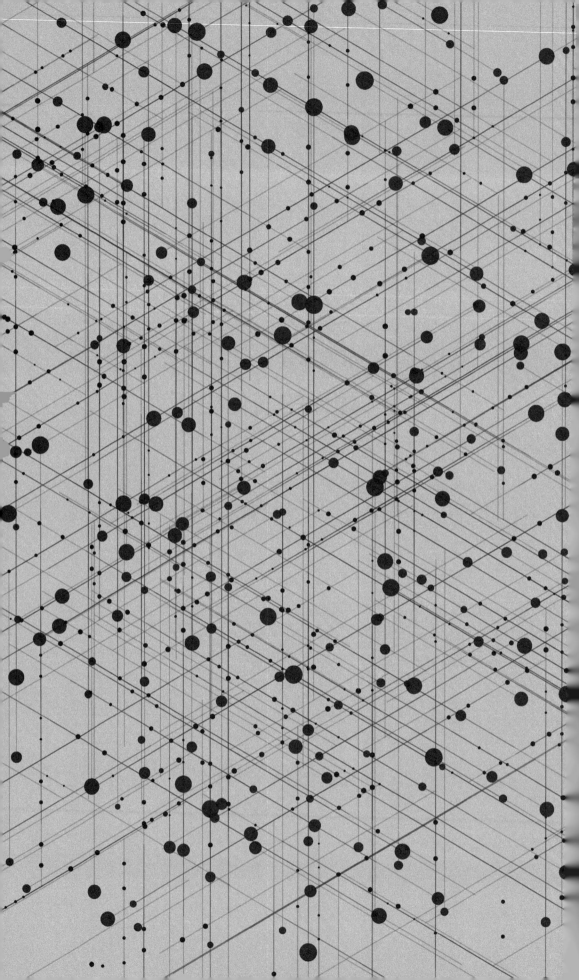

导　言

我对翻译问题的探讨，始于翻译文化史的研究。

1986 年的初春，刚过完年（其实也没好好过年），我就一直琢磨着怎样完成许国璋先生交代我必须两个月内完成的一篇论文。其时，我尚未真正进入大学，读书无导引，知识不系统，没做过研究，也不知如何写论文。

许先生布置我写的是"论严复的翻译"这样一个宽大的题。这篇论文想必是先生对我的一个考核吧。也就是说，关系到我有无可能进入高等学府学习的大事。当然，这也是我愿意去探讨的问题，虽说困难重重。思前想后，我决定努力去尝试完成这个从撰写时间和个人准备上来说都几乎不可能完成的事情。

撰写论文，最为关键的就一个字："新"，即有新意，有新见。如何知道是否有新见，就得遍查既有文献，并作深入思考。我花了两个月限期里一多半的时间读书、查阅、领会、琢磨，最终通过比较和思考，探寻出将翻译史同思想史、文化史结合起来研究的路径。思路一开，写起来就顺理成章了。论文按时提交，得到了许先生的认可，并且他肯定了这个翻译文化史的研究路径（该文即收录在本书第十四篇的"论严复《天演论》的翻译"）。

话说这个翻译文化史的研究路径，是得益于三个大学者的启发。第一位是英国哲学家罗素（B. Russell）。许先生的语言学类博士生入学考试科目里破天荒地出现"西方哲学史"，促使我多读相关书籍，包括罗素著名的《西方哲学史》。我研读该书之受教可归结为其书名里的一行字"*A History of Western Philosophy and Its Connection with Political and Social Circumstances from the Earliest Times to the Present Day*"。第二位是中国史学家陈寅恪，他在《冯友兰〈中国哲学史〉上册审查报告》里写道："凡著中国古代哲学史者，其对于古人之学说，应具了解之同情，方可下笔。盖古人著书立说，皆有所为而发。故其所处之环境，所受之背景，非完全明了，则其学说不易评论"。这两位学者让我认识到研究历史事件除了事实和考证之外，还需要对社会、时代背景及其中的人物合并加以考察分析。第三位则是美国汉学家施瓦茨（B. Schwartz），他 1964 年所著 *In Search of Wealth and Power：Yen Fu and the West*（《寻求富强——严复与西方》），在当时的我看来，是研究严复思想及其译著最全面和深刻的一部著作。他不是语言学家，也不是翻译学家，他研评严复的翻译，是从史学家、思想家的角度，将严复译著同历史文化和时代背景放在一个框架里分析。这正是我将翻译史置于思想史、文化史之中去认识，并解释一系列翻译史实的基本思路。

下面的几篇早年论文，就是我对翻译文化史研究的认识。我将对翻译或翻译史的研究看作一种文化研究。因为翻译是文化发展、文化交往的产物，也是促使文化繁荣和变异的要素。翻译使文化具有了杂交的优势，所形成的翻译文化是本土文化同外域文化互动的结果。从这个意义上说，翻译史研究就是翻译文化史的研究。翻译文化史相较于一般翻译史，更注重解释，而不仅是描述，更注重动态影响，而不只是静止事件。

国外学者也有不少持相近的观点。如 A. Lefevere、A. Pym 等。人们常会思考：为何译？是谁译？译什么？译如何？等等，其实就是在从文化史的角度提问。这些问题最后都会指向一点，即人，包括译者。所以我们认为，译史研究，以人为本，就是从文化的立场来观察和解释翻译现象及其在历史上的意义。

我曾提出翻译文化史研究若干课题，遗憾的是，包括我自己，学界未对这些课题做出满意的解答。主要的课题就是：

1）对重要的文、史、哲著作的中外不同译本（或不同的中文译本）的翻译处理进行研究，对其不同传播和不同影响加以考察；

2）对译者的翻译过程（如译前的动机、准备，译稿的修改，译作的原始材料等）加以分析；

3）对翻译的语言（包括词汇尤其是译词、句法和语体）加以研究，并考察它对于本族语言产生的影响。

冀后来者有以教我。

六　论翻译文化史研究 [1]

翻译文化史研究翻译对于文化（主要是译入语文化）的意义、作用和影响，以及文化对于翻译的制约性。翻译实质上是文化的沟通，是对外域文化的摄取，因此翻译史的研究应同思想文化史结合，才能更深刻地理解和解释翻译与文化上的种种现象。下面主要探讨翻译文化史研究的意义、方法和范围等问题。

1.界说

我们有翻译史，有文化史，那么，翻译文化史研究什么？

先简述翻译和文化及其历史。

翻译之事，由来已久，古籍中早有记载。《礼记·王制》中说，中国"五方之民，言语不通，嗜欲不同。达其志，通其欲，……北方曰译"。以后，佛经译者在"译"字前加上"翻"字，遂有"翻译"一词，沿用至今。季羡林、许国璋先生为《中国大百科全书·语言文字》卷写的"翻译"词条中说，翻译是把已说出或写出的话的意思用另一种语言表达出来的活动。再"现代"一点说，翻译是将一种语言文字中蕴含的内容或信息换用另一种语言文字表达。这是一般的、广泛接受的定义（有的意见对翻译要求更高，认为翻译应兼顾原文

1　原作发表于《外语教学与研究》1994 年第 4 期。

的形、意两方面）。

翻译史则是关于这种语言转换活动的历史。目前关于翻译史的专著很少，仅见马祖毅（1984）的《中国翻译简史（五四以前部分）》、陈玉刚（1989）主编的《中国翻译文学史稿》，另有陈福康（1992）的《中国译学理论史稿》。贺麟先生1925年已拟撰《翻译西籍小史》（分五章，其名篇"严复的翻译"是第四章中的一节），可后来似未成书。日本是翻译大国，但其翻译史研究也不发达，仅见一本35年前吉武好孝（1959）著《明治·大正翻译史》。欧美翻译史、世界翻译史方面的著作罕见，可见到的有 L. G. Kelly 的 *The True Interpreter* 和我国谭载喜（1991）编著的《西方翻译简史》。

文化，在古汉语词汇中是"文治教化"之意。引进西学后，"文化"接受了新的近代含义。关于文化的界说甚多，四十几年前就有 A.L.Kroeber 和 C.Kluckhohn（1952）在所著中收集到164种文化定义，如今这些定义的数目超过200种。但无论怎样定义，文化是理性人类创造的物质、精神价值的总和，具有时间、空间意义，这个最根本的特性应是趋同的认识。文化史则以人类文化发生发展的过程，以人类创造文化又为文化产物所塑造这样一种关系，以及文化的民族性、地域性和时代性为研究对象。因此，文化史有民族、国别的，如印度文化史；有地域的，如阿拉伯文化史；有断代的，如文艺复兴时期文化史；有专门的，如基督教文化史等。

文化既是人类创造的价值，又具有民族、地域和时代的特性，因此不同的文化需要沟通。这种沟通离不开翻译，因为语言文字是文化的最重要的载体。可见，文化及其交流是翻译发生的本源，翻译是文化交流的产物，翻译活动离不开文化。翻译文化史主要就是从历史发展上研究这两者的关系。它不同于一般文化史，这是很显然的。它研究的是，经过了翻译这样的沟通工作之后文化发生的变化。它也不同于翻译史，因为它的重点不是翻译人物、翻译活动、翻译机构和翻译流派等。翻译文化史重在研究翻译对于文化（尤其是译入文化）的意义和影响，它在文化史上的作用，以及文化对于翻译的制约，特别是在通过翻译摄取外域文化精华时，翻译起到什么样的作用，达到什么样的目的，发生什么样的变异。翻译文化史研究实质上是翻译史与思想史、文化史的结合，通过对历史上翻译活动的考察；研究不同文化接触中的种种现象，包括政治、经济、思想、社会、语言和文学的变化，并探究它们在思想文化发展上的意义。

2．研究的意义与特点

翻译研究一般分三个方面，即翻译理论、翻译技巧和翻译历史的研究。翻译理论着重对翻译的本质、翻译的标准和翻译的过程等做理论上的阐释。现代翻译理论常常试图借鉴语言学、符号学、文艺学、接受美学以及社会学、文化学的理论成果解释种种翻译现象，以指导翻译实践活动。翻译技巧研究则分析汉外各种语言的异同，探讨翻译中的理解和表达，包括对译品的评析。翻译史便是对既往翻译活动的记述，包括翻译的文献、翻译组织机构、翻译家、翻译主张、翻译方法等，如《中国翻译简史》（马祖毅，1984）就是按时间顺序记述种种翻译事件。王佐良先生（1989）在"新时期的翻译观"一文中也把翻译研究分为三大类：理论探讨、译文品评和译史研究，与上述相似。但是他对译史研究的期待超出现行的译史工作。他提出，研究译史，不能仅叙述，要从社会背景和文化交流着眼，要结合文化（包括语言、思想史、哲人）、社会、历史，要考察由翻译引起的大的文化潮流或思想运动。这是对翻译史研究的更高要求，毋宁说，这正是对翻译文化史研究的要求。《中国翻译简史》是一本好书，是补白之作，但是，史料多而议论较少。翻译文化史研究不能止于这个阶段。

前人在翻译文化史方面已经做过一些开创性工作，例如佛经翻译对中国文化方方面面的影响。梁启超曾撰写过"佛典之翻译""翻译文学与佛典""中国古代之翻译事业"等文章，强调翻译对于一国文化关系之重大。他（1932/1990）认为，由于佛典的翻译，引起了"1）国语实质之扩大（创立新词、引入新概念达 35 000 多条）；2）语法、文体之变化（归纳出不用'之乎也者矣焉哉'、倒装句法极多等 10 条）；3）文学情趣之发展（认为近代纯文学如小说、歌曲都与佛典翻译文学有密切关系）"。胡适（1928/1986）在《白话文学史》中有一章专谈佛教的翻译文学，他着重论述译经文学在中国文学史上的影响，即1）造成文学新体——白话文体；2）产生富于想象力的浪漫主义文学；3）注重形式上的布局与结构。除此之外，佛教思想随译经而移植进来，更直接的影响当然还是在哲学上，佛教思想以及此后儒道佛之间的斗争与调和，在中国思想史上是必书的一笔。

翻译导入的西学对中国近代思想文化更是产生了重大影响。动荡与变革的时代，显然更利于外来文化的引进、吸收，并促使本土文化发生变化。面对外来文化，进步知识分子是如何选择并通过翻译加以摄取的，这种摄取产生了何种结果，最典型的例子是严复译述《天演论》。

若单以翻译评论的眼光去看《天演论》，我们不会有多少收获。严复在《天演论》"译例言"中提出了著名的"信达雅"翻译三字经，而他的《天演论》却与此标准不符。我们只能从翻译文化史研究的角度来探讨《天演论》的翻译。

严复首先选择翻译《天演论》的最根本原因是中国处于危亡时刻和他具有强烈的忧国忧民意识："意欲本之格致新理，溯源竟委，发明富强之事"（《严复集》，514页），他说的"格致新理"就是科学的进化论学说。赫胥黎的原作《进化论与伦理学》既让他看到了"物竞天择，适者生存"的无情进化规律而为之震撼，又让他看到"与天争胜""自强保种"的希望而为之激奋。它切合正处于险境的中国现实，切合严复的忧患意识，切合他以此作为新的价值观重新审视和解释中国社会的心态。因此他选择《天演论》，一是要以西方进化论原理从根本上探讨国家富强之因；二是强调"物竞天择"的普遍规律，指出中国已在世界竞争中落伍，只有除旧布新，提高民智民德民力，才可能与外强争胜负；三是以引入进化论和提高"三民"为救亡之术，最终为了国强民富之本。简言之，他的《天演论》是普遍进化性的、富有解释力的、哲学形态化的进化论。引进它不是目的，引进它以达到保种自强才是目的。正是在这样的基础上，严复构拟了一个特别的翻译方案：他要将西方进化论按照他的导向引入中国，他一半通过翻译，一半通过按语，将他认为必需的达尔文基本原理、斯宾塞普遍进化观和赫胥黎"以人持天、自强保种"之新观点一一摄取，连同他自己的理解、倾向和强调，综而统之，注入书中。这自然不是通常意义上的翻译所能解决的。

只有分析和理解了严复译介《天演论》的动机，我们才能解释他如何"做"

《天演论》。他的"做"，一是体现在"外部包装"上，即译本的语言；一是体现在"内部要素"上，即内容的安排调整。这两者都是他对进化论做特殊摄取的产物，也规定了这一摄取的影响。从表面上看，这是译者出于认识和需要的考虑，对所译做了选择性摄取；从深处看，这里实际上显示出文化对于翻译的制约。

关于《天演论》的语言，请参看拙文论述（王克非1992，1994）。严复在《天演论》中附加按语28条，字数多达21 000字，占全书近2/5，几乎可说《天演论》是严复同赫胥黎"合著"。不仅如此，严复还对原文时有加译、减译和改译，均按他的意图取舍，连书名也不例外（详见王克非1992，1994），这在古今中外的译史上都是罕见的。无论从翻译理论还是翻译技巧去分析，它都不足为法。然而，正是这样一个译本，在中国近代社会产生了极大的影响，中国近代史上的风云人物几乎都受到了它的启蒙与冲击。这样的翻译事件只能置于翻译文化史的研究领域，才能对其原因、意义获得比较充分的解释。

现代翻译理论教育我们如何忠实原作、准确理解、顺畅表达，遗憾的是，在翻译史上，不忠实或不够忠实的译作屡见不鲜，中外皆然。现代翻译理论所孜孜以求的目标无疑是正确的，自古以来的翻译主张也基本上是求"信"求"达"的。我们当然要明白翻译的性质，严肃翻译态度，摒弃滥译劣译。但是对于历史上的翻译事实，我们不仅仅看它翻译质量的高低，更要看它在文化交流上发生的作用和影响，这是翻译文化史研究不同于翻译史和其他翻译研究之处。从翻译文化史角度看，译本的忠实程度与该译本在文化沟通上的作用之大小并无绝对的正比关系。译者（其后有文化背景）的摄取是重要因素。在翻译过程中，文化信息的微妙变化，如信息的增损、变样，可以说正是翻译文化研究者所感兴趣的。钱钟书先生说："一国文字和另一国文字之间必然有距离，译者的理解和文风跟原作品的内容和形式之间也不会没有距离，而且译者的体会和他自己的表达能力之间还时常有距离。从一种文字出发，积寸累尺地度越那许多距离，安稳到达另一种文字里，这是很艰辛的历程。一路上颠顿风尘，遭遇风险，不免有所遗失或受些损伤。因此，译文总有失真和走样的地方，在意义或口吻上违背或不尽贴合原文"（"林纾的翻译"，见罗新璋编1984：697）。钱钟书先生以他对不同语言和文化的理解，以他对译者劳动成果的宽容，阐明了何以外来文化均有变形。他进而又说："一个能写作或自信能写作的人从事文学翻译，难保不像林纾那样的手痒；他根据自己的写作标准，要充当原作者的'诤友'，自以为有点铁成金或以石攻玉的义务和权利，把翻译变成借体寄生的、东鳞西爪的写作。在各国翻译史里，尤其在早期，都找得着和林纾作伴的人。"（同上书，705 页）有时，从不准确的译本或再造性质的译述中，可以发现一些具有文化史意义的东西，如译者译得不准确是出于水平低，还是有意为之；译者的翻译与自己的写作之间有何关联；再造的译述中表现出哪些取舍抉择；再造的译述中有哪些文化信息的变形，影响又如何，等等。

日本近代翻译史上也有许多不忠实的翻译。尤其是明治时代的前期，翻译大多是自由度很大的意译，而且明确标上"纂译""抄译""译述"等。明治的翻译是重"量"而不大重"质"的，是拿来主义的大量引入。不少西方古典文学作品、纯文学作品，经过日译后，成了"通俗文学"一类的东西。如：普希金的《上尉的女儿》被译为《"露国奇闻"·花心蝶思录》，《战争与和平》被译成《"泣花怨柳"·北欧血战余尘》，还有《三笑人》《春江奇缘》等。这种翻译现象与当时日本社会的需要是相吻合的，它首先要求的不是准确的译文，而是急切地需要了解原书原故事中反映出来的西洋社会、思想、观念和风气等。这对于日本全面西化，实质上主要是思想观念上的现代化更新，起了不容忽视的作用。同时，这也是与日本当时"上下一心，求知于世界"的国策相吻合的。将翻译置于文化的背景上考虑，我们往往可以看到翻译活动，包括关于翻译的论述，带有功利的色彩，受到时代亦即当时民族文化的制约。翻译事业的发达与否，也与翻译的目的、社会的反响，即文化上是否有此需要关系极大。

3．研究的范围与方法

前面关于翻译文化史的界说已确定了研究的范围。翻译文化史应视为文化史的一个部分。文化史不同于以往重政治、军事和经济发展的历史，它把人类社会生活的各个方面都纳入自己的视野，尤其是民族、时代的风俗、习惯、精神或价值观，而一个民族的各时代的优秀人物的文史哲杰作往往代表或反映这个民族的文化财富。正是在这个意义上，翻译沟通了两个以及多个民族的文化。翻译文化史或翻译文化学则考察两种（或多种）文化如何发生交流，这种交流产生的因素、过程、结果和影响。与单纯的翻译史相比，翻译文化史注重对种种翻译现象、事件作文化传播意义上的分析与解释，而不仅仅是翻译史实的叙述和钩沉，即不仅是描述性的。

我们大致将翻译文化史研究分为三类，一是中国翻译文化史（包括断代的），一是世界翻译文化史（包括地域、国别的），一是比较翻译文化史（主要是将中国的与相关国家的作比较）。前两类是纵向的，后一类是横向的。纵向的研究以主要的翻译活动划分时期，如中国翻译文化史可分为：古代汉唐佛经翻译、中近代明清科技翻译、近代西学翻译（包括由日本转译）和现代全方位外籍翻译等四个时期。横向研究包括对中国与日本、中国与印度等在不同时期翻译和摄取外域文化中表现的相同或不相同的心态、结果、作用等进行比较。

例如最让我们发生研究兴趣的中日近代翻译文化比较。

中国和日本在近代同样面临外部强权势力的逼迫和外来文化的冲击，而由于文化传统、国际环境、国内政治经济结构等的差异，中日两国对西方思想的翻译摄取也不相同。概言之，日本以"求知于世界"的心态，借翻译大量引进西方思想文化，以变革民心，译书内容无所不有。中国"以将亡而始兴学"，由于民族危机一步步加深，而逐渐正视西方文化，在选择西书上是审慎的。譬如，在摄取西方进化论学说时，中日都注重进化对于人类社会的意义，但日本的加藤弘之引入进化论的初衷是借以反对天赋人权思想，强调优胜劣败；中国的严复则着眼于自强保种。对于西方自由思想，日本的中村正直注重个性自由，旨在人的品行培养；中国的严复注重社会与个人的自由的界限，虽然也是旨在提高民智民德。在翻译引进西方思想文化的其他方面，如经济思想、文学作品，两国也有差别。最明显的一点是中国相对于日本的翻译引进滞后三十多年。日本自近代明治维新以来，翻译西书达到高潮，仅文学译书就数以千计。与此形成鲜明对照的是，明治四十几年中（1868－1912），翻译中国书籍却落到了最低谷，仅 36 种，比此前 200 年间所译 109 种，此后 60 多年间所译 3 190 余种，都少许多。所译汉语哲学书仅 3 本，史学书 7 本，自然科学、工程技术和艺术等方面的中国书一本也没有，这无疑是受到时代环境影响的。这一翻译活动中反映出来的文化现象正是翻译文化学的研究对象（参见王克非 1993）。

陈寅恪先生认为，研究一种学说，必须了解这种学说所处之环境、所受之背景（参见冯友兰《中国哲学史》所附审查报告一）。同理，一种新思想的输入和摄取也与所处环境和所受背景相关，后者决定了翻译摄取的轻重缓急，这是我们在研究翻译文化现象时必须考虑的要素。

4．研究课题

相对于过去的翻译研究，翻译文化史提供了一个新的扩大的研究视角，因而研究课题或需要重新审视的课题很多，这里略举几个方面。

1）对重要的文、史、哲著作的中外不同译本（或不同的中文译本）的翻译处理进行研究，对其不同传播和不同影响加以考察；

2）对译者的翻译过程（如译前的动机、准备，译稿的修改，译作的原始材料等）加以分析；

3）对翻译的语言（包括词汇尤其是译词、句法和语体）加以研究，并考察它对于本族语言产生的影响。

参考文献

- 陈福康. 中国译学理论史稿 [M]. 上海：上海外语教育出版社，1992.

- 陈玉刚. 中国翻译文学史稿 [M]. 北京：中国对外翻译出版公司，1989.

- 冯天瑜，何晓明，周积明. 中华文化史 [M]. 上海：上海人民出版社，1990.

- 胡　适. 白话文学史 [M]. 长沙：岳麓书社，1986.

- 梁启超. 饮冰室合集 [G]. 北京：中华书局，1989.

- 罗新璋. 翻译论集 [G]. 北京：商务印书馆，1984.

- 马祖毅. 中国翻译简史 "五四" 运动以前部分 [M]. 北京：中国对外翻译出版公司，1984.

- 谭载喜. 西方翻译简史 [M]. 北京：商务印书馆，1991.

- 王佐良. 翻译：思考与试笔 [M]. 北京：外语教学与研究出版社，1989.

- 王克非. 论严复《天演论》的翻译 [J]. 中国翻译，1992（3）.

- 王克非. 日本明治时代翻译史概论——日本翻译研究述评之三 [J]. 外语教学与研究，1993（2）.

- 王克非. 中日引入进化论之比较 [C]// 北京日本学研究中心. 日本学研究：第 4 辑。北京：外语教学与研究出版社，1994.

- 严复. 严复集 [G]. 王栻，编. 北京：中华书局，1986.

- KELLY L. The true interpreter [M]. Oxford: Blackwell, 1979.

- KROEBER A L, KLUCKHOHN C. Culture, a critical review of concepts and definitions [M]. Cambridge: Cambridge University Press, 1952.

- STEINER G. After Babel: aspects of languages and translation [M]. Oxford: Oxford University Press, 1975.

- 吉武好孝. 明治・大正翻译史 [M]. 东京：研究社，1959.

七 论翻译文化研究的基础工作 [1]

翻译研究不仅仅是对源语如何转化为目标语的研究，而且应将译学置于文化的背景中加以考察。从这一意义出发，本文提出翻译文化研究的框架，并特别指出对译者及其译作所处的社会环境研究和书目研究的重要性，为译学的发展开辟新的途径。

1. 分类进行译学研究

译学是一个涵盖面很广的范畴。如今，单纯从原语到译语的翻译研究是太受局限了，人们已尝试结合各种相关学科去探讨翻译这一复杂的思维、文化活动，因此译学所涉及的面越来越宽广，研究也势必分头进行，而不是笼统地发表一通宏论。至于怎样构建译学框架或划分译学范围，国内外都有不少学者做过研究、提过方案。影响较大的是霍姆斯（Holmes）的构想。他（1988）将译学研究划分为两大块：纯研究和应用研究，纯研究又分理论研究和描写研究。对于理论研究和应用研究这两块划分，中外观点是比较一致的，而霍姆斯的描写研究是比较新的提法。他所谓的描写研究包括翻译作品的描

---

1 原作发表于《外国语言文学研究》2001年第1期。其中"3.国际上开展的译史研究"系根据作者另文《翻译问题三思》做的补充。

写、翻译过程的描写和翻译功能的描写。我个人以为，翻译作品的描写，部分属于翻译史研究（因为是对过去译作的描写），部分属于应用研究（特别是在教学上和译作的比较上）；翻译过程的描写似乎与理论研究、应用研究甚至史的研究都有关，而翻译功能的描写则更多着眼于翻译文化方面的探讨。因此，我们姑且仍以应用研究（注重经验、技巧的观察与描述）、基础研究（注重理论）和史的研究这三方面搭构译学研究的框架（参见王克非 1997a）。

总的说来，任何一门学科的发展都离不开总体学术水平的提高，离不开相关学科的进步，译学也是一样。以 20 世纪语言学、符号学、电脑技术、人工智能等方面迅速发展的情形看，21 世纪这些学科的进一步深入，无疑会给译学继续带来新的启迪和推动。除文化特性和人类情感含量大的文学作品的翻译外，自动翻译将会大显身手，因此应用研究和基础研究的一个重要目标将会是为提高自动翻译的能力服务。只有当大部分翻译或越来越多的待译材料可以通过机器、通过电脑来解决，我们的翻译工作才能适应新世纪信息更加通畅发达的需要。

在译学研究中，唯有译史研究对实际翻译的指导意义不大，它相对来说是一种文化研究。因为翻译是文化发展、交往的产物，也是促使文化繁荣和变异的要素。翻译使文化具有了杂交的优势，所形成的翻译文化是本土文化同外域文化互动的结果。从这个意义上说，翻译史研究也就是翻译文化史的研究，对于文化和翻译两方面都是很有意义的工作。从方法论上说，译史的研究不同于译学里应用的和基础的研究，前者关心翻译的结果和翻译的文化意义，后者注重翻译的过程和翻译的语言转换，故当分别对待。

2．翻译文化研究框架

从翻译看文化的沟通和发展，同时，将翻译置于文化的大背景中加以考察，这是近十多年逐渐受到重视的研究领域。在国内，我们曾首次尝试将翻译史同思想史、文化史结合起来研究（参见王克非 1989），通过个案分析，探讨中日两国近代如何选择西方著作和如何以翻译为途径走向现代化；在国际上，比较著名的是 H. Kittel & A. P. Frank（1991）的《跨文化性与文学翻译史研究》和 S. Bassnett & A. Lefevere（1992）合编的《翻译·历史·文化》，前者以译作实例分析译者的文化心态或文化参照，后者认为翻译产品是文化产品的一部分，强调从社会意识形态、从权力的影响考察翻译。这些都导致了翻译研究中的"文化转向"（cultural turn in translation studies），并使这一研究成为当前世界上翻译研究的热点。

关于这一翻译文化研究，我们考虑应从宏观和微观两方面开展：宏观偏重理论，微观偏重专题（参看下图）。

宏观　　翻译文化研究通论

翻译文化史

中外翻译文化比较

翻译文化的多学科综合研究

翻译总目录 / 分科目录

微观　　1）译家 / 作家研究（可按语种分）

2）译作（包括单行本和期刊译文）研究

3）专门研究

小说翻译（包括政治、科幻、社会、通俗小说等）

诗歌翻译

散文翻译

戏剧翻译

社会科学译作

自然科学译作

4）影响研究

（1）文学翻译之影响

对主题、体裁、描写手法（如人物刻画、
环境和心理的描写等）等的影响
对叙述技巧、篇章结构等的影响
对语言的影响
（2）非文学翻译之影响
社会科学译作的影响
自然科学译作的影响

此图显示的只是一个概貌。

但我们可以看出，一个世纪以来，我们对翻译的讨论可谓汗牛充栋，而对翻译文化史还缺乏系统的研究。上图所示任何一个部分都尚未做充分的探讨，可以开展的工作还很多。从宏观上看，有关翻译文化的比较研究和历史研究方面的论述都很少；从微观上看，关于译家、作家，可以开展比较研究的对象数十上百，这部分论述有一些，但无论方法、材料、观点，均显不足。译作研究仍限于从信、达、雅三点衡量其质量，而对于译作与译者母语文化的相互关系、对于译作的影响，则鲜有探讨。

我们论述过翻译的本质，突出了翻译的文化性质和译者的作用（王克非 1997b）。这个观点与近代以来的翻译论述有相当大的差异，想必会有不同意见。但是，人们也越来越认识到翻译不单单是两种语言的转换，而是为了实现文化交流、具有文化蕴涵的语言转换，其文化性质是历史和现实所证实的。正由于这一文化特性，从事翻译的人——他必定生活于某一文化环境中——的翻译活动必然带有文化的烙印，他的翻译选择、翻译观、翻译方法都会在一定程度上受制于所处文化背景。我们可以推论，对翻译理论与技巧的研究虽然无疑会有助于翻译的学习和翻译质量的提高，但翻译活动永远都会受到文化的影响，译者不会拘泥于任何理论和技巧，而是灵活处理其译法，翻译作品不会是单一的，而总是丰富多彩的。

3．国际上开展的译史研究

古今中外的翻译论述都曾注意到翻译不只是一个语言问题。近些年，国际翻译界越来越认识到翻译不仅仅是一个从一种语言到另一种语言的语言转换过程（参见 Vermeer 1992：10），翻译的含义在扩大。追根究底，翻译是文化的产物，翻译的过程是感受文化的过程，它不同程度地包含着理解、比较、选择、融汇和创新。对于这样一个富有学术价值的课题，比较文学界（历来关注翻译问题）也比以往投入了更大的热情。如 1994 年在加拿大召开的国际比较文学学会上，翻译与文化历史：认同、歧义、转移，就是会议的一个重要议题。

近年出版的几本新书也反映了这个研究趋势和部分成果。

如 1992 年出版的、由美国比较文学学者安德列·勒夫维尔（André Lefevere）等编的西方翻译论集《翻译·历史·文化》（*Translation/History/Culture——A source book*），收集了从古代的西塞罗、昆体良、哲罗姆到中近代的马丁·路德、培根、施莱格尔、阿诺德、蒲朴、洪堡特、施莱尔马赫、伏尔泰、歌德、雪莱、雨果等 50 位西方著名作家关于翻译以及翻译与文化的一些重要论述，由此可以了解西方译论的概貌，进而开展东、西方译论的比较研究。

1993—1994 年更是连出三本会议论文集：1）霍恩比（M. S. Hornby）等人编的《跨学科翻译研究：翻译研究会议论文选》（*Translation Studies：An Interdiscipline：Selected papers from the translation studies congress*）；2）胡塞·兰伯特（Jose Lambert）与安德列·勒夫维尔（A.Lefevere）合编的《文学发展中的翻译》（*Translation in the Development of Literature*）；3）赛默尔（R. K. Seymour）和刘芷菁（Ching-Chih Liu）编的《笔译与口译：沟通东西方》（*Translation and Interpreting：Bridging East & West: Selected Conference Papers*）。在这三本书中，前两本尤好。第一本书分五个部分，其第一部分题为"翻译、历史与文化"，其中"文化因素再思考""翻译家与民族文学的兴起""今日翻译面临的新、老问题"等文章很有价值。第二本书的"翻译是 12 世纪山史诗转向传奇故事的文学革命的动力""文学翻译：一个概念的产生""翻译对于西班牙浪漫主义发展的重要意义"等文章，都是一看题目就让人想读的学术论述。

近几年,国际译联(FIT)还有一项重要研究项目,那就是由让·德莱尔(Jean Delisle)牵头开展的翻译史研究。西方翻译已有两千多年历史,而西方翻译文化史研究还几乎是一项空白。西方翻译界感到了这项工作的必要性与紧迫性。首先,近20年里,翻译研究有了很大的进展,学者们日渐认识到翻译的多学科性质,而要充分理解复杂的翻译现象,就需要将它置于一个广阔的背景中考察。其次,翻译逐渐形成一个分立的学科,需要从史的角度来描述、充实。因此,德莱尔等人在国际译联的支持下,在20世纪90年代初组织了翻译史委员会,着手进行翻译文化史研究。这项研究的特点之一,就是注重历史上翻译家的作用,因为正是翻译活动的执行者——两种文化之间的精神联系——对于世界文明史作出了巨大的贡献。

关于翻译家在整个历史中的作用,该项研究计划分成若干专题进行讨论,如翻译家与民族文学的兴起、翻译家与民族语言的发展、翻译家与知识的创造与传播、翻译家与权力:在政治机构中其作用与功能、翻译家是外来文化价值的输入者等(参见 Hornby 1994:55-57)。

关于民族文学的兴起,该项翻译文化史研究是建立在这样一个前提之上,即认为翻译家确实对民族文学的发展作出了贡献。奥克塔维奥·帕斯(Octavio Paz)曾就诗歌做过专门论述,下面一段话反映出,通过翻译来丰富文化是一个长期的传统:

> 在翻译与创作之间不断地发生相互作用,使双方经常互惠,共同丰富。西方诗歌最伟大的创作期总是先有或伴随有诗歌传统之间的相互交叉。有时,这样的交叉采取模仿的形式,有时又采取翻译的形式。(参见 Paz 1992:160)

中国新文化运动时期的文学繁荣也正得益于这样的翻译与创作之间的互惠。当时的许多作家、诗人以及文学理论家都精通一门甚至数门外语,能从外国文学中汲取养分,如鲁迅、郭沫若、茅盾、冰心、巴金、郁达夫、闻一多等,都是一方面吸收、模仿、创作，一方面又做着译介外国文学的工作。鲁迅说他早期的小说创作就受到俄国等小说家的影响（如《狂人日记》）；郭沫若的诗歌更是深受歌德、泰戈尔、惠特曼等诗人影响。因此，现在的问题不是翻译有没有对民族文学的兴起或繁荣作出什么贡献，而是应当透过历史描述的方法来认识这样的一个过程。

华兹华斯（Woodsworth）对文化交融下民族文学的兴起作了三种类型的划分（参见 Hornby 1994：58）：1）民族文学伴随体制的建成而发展；2）民族文学的重新兴起或转向；3）新文学兴起。这些类型的划分，无论我们是否同意，总归是提供了一个思考方法，而且这种方法注重微观环境，即在特定历史条件下对一个翻译家的研究，或一个或一组文本的研究。比如关于翻译家的研究，可以考察在某一历史时期哪些人充任文学翻译家，他们是否有名望，他们的译作是署名还是匿名，在所处的社会中翻译家起到什么样的作用等。

这些自然是翻译文化史研究的主要课题，但另一方面，通过翻译文化史，我们也可以思考另外的翻译问题。

例如在清末民初，有这样一种翻译现象：书店聘请译手和润饰文字的人翻译书籍，先由译手将畅销书译成中文，由润文手去删润，再交书店出版（参见阿英 1981：234）。译者不会无误，润文者不谙原文，径在译文上舞弄笔墨，这样的译作显然会走离原作，但这又确是如钱钟书先生说的中外翻译史上都有过的事实。这些译者不是有名作家，译作不是标准的翻译作品，可是也满足了一定的文化交流的需要。

又如关于翻译的"归化"和"洋化"问题。学界可以争论不休，而史实已为德国哲学家施莱尔马赫的话做了注脚："翻译家面前有两条路，一是让作者安然不动，领着读者到外国去；一是让读者安然不动，领着作者到本国来。"（参见 Lefevere 1992：149）对此，黑格尔有一个"文化优越"的解释，他在《美学》第一卷第三章中论证作家处理题材的不同方式时，说法国人出于对本国文化的骄傲，将外国题材一概本国化。类似的事例在中日近代翻译史上也可以见到。归化与洋化并无正误之分，它们各有其文化意义，也反映了译者和时代的文化理解。

4．翻译文化的基础研究

基于上述认识，我们认为，对译者及其译作和所处时代社会环境的研究是进行翻译文化研究的基础，特别是应当对翻译作品做出详尽的考察。例如，若研究近代翻译文化，那么对近代翻译作品进行尽可能全面的考察，收集和编辑出总目录，应当是一件必不可少的基础工作。

以日本的明治时期翻译研究为例。明治时期是日本走向现代化的初始阶段，这一时期对西方思想文化的翻译摄取对于后来的历史进程产生了深远的影响，因此日本学者十分重视明治时期的翻译文化研究。对于这一时期翻译的各种文献，他们做过非常详细的考察，编出了各种书目。在文学方面的翻译书目方面，早在四十多年前就有国会图书馆编出的《明治、大正、昭和翻译文学目录》，收录约3 000种书目。书目按年代编排，从而可以考察外国文学进入日本的历程，并进而作出翻译文化上的解释。

日本学界1967年至1974年编的32卷《明治文化全集》由多种专集组成，几乎每一种的后面都附有文献目录。例如，"经济篇"后附有"经济文献年表"，收录自1865年至1897年30余年间日本出版的各种经济类文献525种，从中初步统计出翻译的或编译的经济类文献有224种（有些署名为"著"的其实也有译编性质），占全部文献的43%。由于有了这一书目调查基础，考察这一时期日本经济学的引进与发展就相当方便了。其一，我们得以了解到明治时期翻译对于日本社会进步的巨大作用。不仅近一半的经济文献是翻译国外的经济著述，而且实际上许多撰著也是在翻译的基础上，或翻译引进后，学者们加以消化吸收的产物。翻译对于日本近代经济学、近代经济思想的进步与发展无疑具有先导作用。其二，我们可以从中了解在对西方经济学的翻译摄取上，日本最初是吸收何种经济思想，最早翻译的是何种西方经济学著作。其三，我们可以从中了解经济学的新概念、新术语是何时和如何引进、创立的。其四，我们从中可以探究何种经济思想较为受重视，其翻译在何种程度上影响了相应的论述。这一类的研究课题显然是非常丰富的。

近年来，日本学者再接再厉，编辑出《明治翻译文学全集》这样的皇皇巨著（计划出 50 集，已出版近一半）（川户道昭等 1996）。我们饶有兴趣地考察了一下明治时期日本对莎士比亚戏剧的翻译，发现在明治四十余年间翻译的约 3 000 种文学作品中，莎士比亚作品的翻译竟多达 158 种，占 5% 以上。再进一步探究，我们发现此期莎译还有以下特点：

1）莎剧中最为著名的《汉姆雷特》被译介最早，译本也最多，达 36 种，占当时莎译的 1/5 以上；莎氏悲喜剧几乎均为明治时期日本人译介，而 6 种历史剧却仅有两种得到点滴的译介。这反映出当时日本人的兴趣之所在。

2）明治时期莎译热经久不衰，自明治八年出现莎译以来到明治末年，三十多年间几乎年年有莎译，译者成群，多至 30 位；由此也可看出当时翻译文学之热。

3）莎剧译品虽多，但却多为片断或梗概式的译介，完整的翻译迟至明治后期才出现；虽译介了三十多年，却终未译出全集（日本莎译大家坪内逍遥历经三十多年，到大正时代才完成莎士比亚全集的日译）。这反映出当时的翻译具有尝新、猎奇和快速、多方位的文化摄取性质。

4）当时的莎译不仅不完整，也不拘原作形式，而给莎剧套以日本人传统的"净琉璃"戏剧艺术形式；连莎剧译名也变得花哨和离奇，仅看译名很难推知原作书名，如：《李尔王》译成《三人姬》，《辛白林》译成《花间一梦》，等等。这不是莎译独有的现象，而是当时移植性、编译性的译风所致。这个时期的翻译虽然很难用现代翻译理论去解释，却对社会的进步、文化的繁荣起到了巨大的推动作用。

5．基础研究中书目的重要性

由上述可见，基础性的史料调查研究对于翻译文化研究极为有用，亦可说是必不可少的；而翻译文化研究对于辩证地看待翻译和理解翻译与文化的密切关联也是极为重要的。

日本的翻译理论研究很冷，而翻译文化研究很热（尽管有的人没用翻译文化这个名词），如上述成果都是翻译文化研究的产物。不仅如此，日本学者对于在近代思想文化史上有意义的术语、名词，也几乎都做过考察。如杉本つとむ的《日本翻译词语史研究》、佐藤亨的《幕末、明治初期语汇研究》等著作，都详尽考察了早期译著的译名、术语，以及这些译名、术语的演变和它们在外来思想摄取史上的意义。相比之下，中国近代翻译中的译名和术语的研究远远不够，不少译名我们还说不出是何时出现、如何产生或如何演变的。

日本学者的这种基础研究方法和成果也方便了中国的学术研究。日本研究清代小说的著名学者樽本照雄先生，在研究清代小说的同时，一直注意收集这一时期小说的目录，终于集数十年之功，编纂出百万字以上的大部头《新编清末民初小说目录》（1997 年 10 月出版）。这部目录共收集了 1902—1918 年间的创作小说 11 040 件、翻译小说 4 974 件（若除去重复的版本，则有创作小说 7 466 种、翻译小说 2 545 种）（郭延礼 1998），无论收集之全或收集中的考证之精，都超过了这方面原有的工具书，为中外研究这一时期文学的学者提供了极为有用的研究之便利，也使我们有可能借此去开展新课题研究。

例如，关于林纾翻译的小说究竟有多少种，长期以来说法不一。有说 180 余种的，有说超过 200 种的，也有的说不到 180 种。樽本照雄先生的目录给我们开列出林纾翻译的小说为 763 件／次（林纾另有著作 107 件／次）。据此不难查出林纾译作有多少种，以及在何时何处发表，同时还可以看出他的译作多次再印、再版，表明其译作受欢迎的程度和当时民众的文学喜好。若想研究其他译者，我们也可以从中查得其译作和与译作有关的资料。如此，我们便可以进一步开展外国文学在中国近代社会转型时期是如何进入中国、如何影响这一时期及此后的中国文学进而如何影响到全社会的多方面研究。实际上，此目录一出版，就在中国近现代文学界引起极大关注并得到好评。如苏州大学范伯群先生（1998）在评介中说，这近 5 000 件翻译作品，是"窥视中国受外来文化影响的一个重要窗口，是探觅中外文化交流的一条重要渠道"。他（同上）指出，"在这个阶段中，中国翻译出版柯南道尔的福尔摩斯探案共 311 件（次），这就是说，目录中所开列的 4 974 件译作中的十六分之一是柯南道尔的作品。我们循着这个重要的线索去探究原因，就可知道，一是这类可读性极强的侦探小说对中国读者来说，是一个全新的品种。它吊足了中国读者的胃口，引起了浓厚的阅读兴趣。文化市场的需求量大也就意味着翻译发表的次数多，重版率高。二是，中国社会的现代化连带出现的社会问题是，罪犯作案的现代化，相应的对策就是侦破工作也必须现代化，才能维护社会秩序和治安。而这种侦探小说正是侦破工作现代化的普及教材。由于福尔摩斯探案在中国的大量涌现，对中国小说现代化的影响也很深入广泛。一是在引进这一文学创作的新作品的过程中，培养了一批中国侦探小说家，如程小青、孙了红、俞天愤、张碧梧等。这些作家学习和掌握外来侦探小说的创作规律与写作技巧后，在使侦探小说中国化的进程中，贡献了自己的才智。其次是，中国的公案小说让位给福尔摩斯式的侦探推理小说来唱了主角。"

关于中国近代文学中翻译和创作的比重问题，阿英先生的翻译多于创作的观点影响很大。这一观点是阿英先生依据他长期从事的《晚清戏曲小说目》等书目工作得出的，若没有更完备的书目调查，不可能纠正上述观点。现在根据樽本照雄先生的更完备更具权威性的书目，我们得以了解到，在中国近代文学中，翻译多于创作只是在很短的一段时间里，即 20 世纪之初的七八年间。在 1907 年前后，创作小说在翻译小说的刺激和推动下，逐渐地繁荣起来，开始从数量上超过翻译小说。因此，从 19 世纪末到五四运动前，中国近代文学走向新生的这 20 年间，翻译小说起到了先锋作用，推动了民族文学的发展，但总数上还是创作小说后来居上，超过了翻译小说。

在近代文学中，翻译小说虽然在数量上少于创作小说，但它的重要性仍是不容低估的。在中国从古至今的文学史上，相信唯有这个时期的翻译作品在数量上和影响力上都达到了一个难以企及的高度，都给中国文学从思想内容、社会作用到形式体裁和表现手法以巨大的影响。而且，在近代中国，翻译的影响不仅是在文学方面，社会科学和自然科学领域的翻译也起到了类似的作用，并且深远地影响到现代社会思想文化的各个层面。但我们对这些层面所做的研究工作还非常不够，对于翻译的影响还只是有个大致的感受，更具体一点就不大说得清楚了，这也正表明它是翻译文化研究的一片沃土。日本学者樽本照雄先生编纂出了清末民初的小说总目，令我们敬佩。我们中国学者，不仅是从事文学史研究的，还有从事各种科学史研究的和翻译文化史研究的，理应奋发努力，编纂出这一时期的诗歌目录、戏剧目录以及总的文学目录；我们理应奋发努力，编纂出这一时期的经济学著译目录、政治学著译目录、法学著译目录等，并在此基础上进而编纂出社会科学著译总目录；我们理应奋发努力，编纂出此期的天文学著译目录、地理学著译目录以及数学物理化学等的著译目录，进而编纂出自然科学著译总目录。有了这样的坚实的基础，我们的翻译文化研究和与此有关的各项研究一定会开展得更有成效，取得更丰富的成果。我们寄希望于新世纪。

参考文献

- 阿英. 小说四谈 [M]. 上海：上海古籍出版社，1981.

- 范伯群，朱栋霖. 1898—1949 中外文学比较史 [M]. 南京：江苏教育出版社，1993.

- 范伯群. 一位锲而不舍的学者——介绍《新编清末民初小说目录》及其编纂者樽本照雄 [J]. 通俗文学评论，1998（1）.

- 国立国会图书馆. 明治、大正、昭和翻译文学目录 [M]. 东京：风间书房，1959.

- 郭延礼. 对中国近代小说的新认识——简评《新编清末民初小说目录》[J]. 文史哲，1998（2）.

- 明治文化研究会. 明治文化全集 [M]. 东京：日本评论社，1967.

- 王克非. 从中村正直和严复的翻译看日中两国对西方思想的摄取 [J]. 外语教学与研究，1989（4）.

- 王克非. 论翻译研究之分类 [J]. 中国翻译，1997a（1）.

- 王克非. 关于翻译本质的认识 [J]. 外语与外语教学，1997b（4）.

- 樽本照雄. 新编清末民初小说目录 [M]. 清末小说研究会出版，1997.

- BASSNETT S, LEFEVERE A. Translation / history / culture — a source book [G]. London: Routledge, 1992.

- LAMBERT J, LEFEVERE A. Translation in the development of literatures [M]. Leuven: Leuven University Press, 1993.

- KITTEL H. FRANK A P. Interculturality and the historical study of literary translations [M]. Berlin: Erich Schmidt Verlag, 1991.

- HOLMES J S. Translated! Papers on literary translation and translation studies [M]. Amsterdam: Rodopi, 1988.

- PAZ O. Translation: Literature and letters. Theories of translation: an anthology of essays from Dryden to Derrida [M]. Ghicago: University of Chicago Press, 1992: 152-162.

- SNELL-HORNBY M, F PÖCHHACKER & K KAINDL. Translation studies: an interdiscipline. Selected papers from the translation studies [G]. Amsterdam: John Benjamins Publishing Company, 1994.

- TOURY G. Translation across cultures [M]. New Delhi: Bahri Publications, 1987.

- VERMEER H. Is translation a lingyistic or a cultural process?

[C]. MALCOLM COULTHARD. studies in translation. Estudos in Traduo, 1992.

• 川户道昭等（编）. 明治翻译文学全集（新闻杂志编）。東京：株式会社大空社，1996.

八 从文化史的立场考察翻译

—— 读 André Lefevere 编《翻译·历史·文化》[1]

1. 翻译：两种语言文化之间的媒介

单从移译（translating）的角度看，翻译过程可以说是一个双语转换的过程，是将一种语言文字的意思用另一种语言文字表达出来的过程。我们大多数翻译研究针对的就是这样一个翻译过程。可是要完整地看待翻译现象（translation），有许多问题不是单从语言就可以解释清楚的。

站在翻译史的立场上，不论中外，我们都可以提出这样一些问题：1）一种文化为什么要通过翻译从外部引进文本？这样做是否意味着自身文化的不足？2）是谁为自己的文化引进了外国文化中的文本？换言之，是谁翻译的？为什么而译？是译者选择文本还是有别的什么因素？3）译入语文化（receptor culture）的读者是否信任译者和译本？可以说，译本是那些不需要译本的人译给不懂原文的人看的，因此对于不懂原文的读者来说，这些译本起的作用应同自己母语文化的文本的作用一样。4）是不是还应考虑到，在一定历史阶段，并不是所有语言都平等，有些语言比另一些语言享有更显赫的地位？就像在特定文化中，某些文本占据着核心的位置，如《圣经》。5）为什么会产生替代外国文本的译本？为什么不是先以自己的语言产生类似的文本？所有这些问题

---

1 原作发表于《外语教学与研究》1997 年第 2 期。

都不能仅从语言上找到解释，还必须考虑文化、考虑译者（两种语言文化之间的媒介）的因素。

我们也可以带着种种思考中的问题翻阅美国学者安德列·勒夫维尔（André Lefevere）教授编的一本西方翻译论集《翻译·历史·文化》（Lefevere 1992）。就像罗新璋（1984）编的《翻译论集》收集了中国近两千年间关于翻译的重要论述，这本《翻译·历史·文化》论集收集了两千年间（从公元前一百多年的古罗马政论家西塞罗到20世纪30年代）西方学者思考翻译问题的重要论述，其中包括昆体良、哲罗姆、马丁·路德、培根、施莱格尔、阿诺德、蒲朴、施莱尔马赫、洪堡特、歌德、伏尔泰、雨果、泰特勒、雪莱等50余位西方著名作家、思想家的论述，论题丰富，有纵深的历史感，又有活跃的现实感。从这本论集中，我们可以了解西方译论的概貌，还可以进而开展东西方译论的比较研究。

2．翻译对文化的影响

安德列·勒夫维尔是一位研究比较文学的学者，他研究翻译问题，着重点自然不放在语言翻译技巧上，而是放在翻译对于文化的影响上，注意不同文化间的相互交流和相互作用。他编的翻译论集，重点也是在对于文化的思考上，不是翻译技巧论集。我们可以从三点来看看这种文化翻译论。

一是关于译本的产生。

中外历史上都有这种现象：某个文化，在表达一种新的思想时，有时首先是依靠译本，而不是依靠自己的著述。其原因是认为外来的文本有可能比自己的文本获得更大的声望或成功。换言之，译者是在诉诸另一文本的权威性。比如世界文学名作的翻译（Lefevere 1992：2）。又比如中国近代史上严复、林纾等人的做法。严复在从事西学翻译之前，曾写过《原强》《辟韩》《论世变之亟》等时论，其中介绍了西方进步的民主、自由思想，但反响并不大。真正在中国近代史发生影响的还是他对英国赫胥黎的《进化论与伦理学》的翻译。他一方面借重西学的名望，一方面又在译本中掺入自己的思考，正表明他认为借助于外国文本比自己的文本更能获得成功。事实也证明了这一点。林纾自己不写小说，却在后半生的 20 多年间译了 180 多种外国小说，也是借重外国文本的典型例子。他在《剑底鸳鸯》的译本序言中写道："恨余无学，不能著书以勉我国人，则但有多译西产英雄之外传，俾吾种亦去其偷敝之习，追蹑于猛敌之后，老怀其以此少慰乎？"从这些材料中我们可以探寻译者的动机、译法，以及这二者之间的关系。

二是译本的归化与洋化。

不论是把翻译比作向外部世界打开的一扇窗户，还是比作挖开的一条渠道，总之，通过这扇窗户或这条渠道，外域文化会进入本族文化，有时这种输入不是平和的，而是挑战式的。雨果甚至说："当你向一个民族奉上译文，那个民族几乎总把这翻译看作对抗自己的一项暴力活动。"（Lefevere 1992：18）

对待翻译的态度会影响到译法以及对译法的评价。这实际上也反映了一种文化态度。西方的译家非常尊重希腊文、拉丁文的著作，视之为西方文化的精华，翻译时唯恐不忠实；而对于其他没有这种声望的文化，态度就不大相同了。例如菲茨杰拉德翻译波斯文的《鲁拜集》时就相当自由，因为他认为翻译波斯诗人时不需担心译文有何"偏离"，他甚至还认为要用点艺术来帮助波斯诗人提高。显然，紧扣原文，就倾向直译，导致"洋化"；注重译文，就倾向意译，导致"归化"。

斯坦纳（Steiner）在 *After Babel*: *Aspects of Language and Translation* 一书中曾问道：什么样的译文才是好译文？是应该使译文的语言接近原文的语言，从而有意识地造成异国的风味，意思也不那么明确呢，还是应该将原文的语言加以归化，译成译者和读者使用的通顺自然的语言呢？谁都会说，最好是两者兼得。但这常常又不大可能。我们认为，德国思想家施莱尔马赫（F. Schleiermacher）的一段论述极为精彩："一个真诚的译者，总是希望将原作者和译文读者这两部分分开的人真正地联通起来，他总想给自己译文读者带来对原作尽可能准确、完整的理解，而又不让读者感到离开了自己的母语氛围，他该怎样做呢？他面前有哪些道路可走？依我看只有两条路。译者要么是尽量让作者安然不动，他领着读者走向作者；要么是尽量让读者安然不动，他领着作者走向读者"（用钱钟书先生生动的语言说，译者一是使读者动身到外国去，一是使作者动身到本国来）。施氏还认为这两条路截然不同，因此译者只能择其一条，否则不伦不类，反生劣译（Lefevere 1992：149）。他本人更倾向领读者去外国，使译文有外国味。据歌德说（同上：75-77），法国人则更喜欢模仿，他们不是亦步亦趋地翻译，而是将外国的思想、情感之花朵移入本国土壤，即采用归化译法。黑格尔在《美学》第一卷第三章中也说法国人出于对本国文化的自豪，往往将外国题材本国化。而类似的事例，在近代中国、日本的翻译史中都屡见不鲜。因此我们对上述斯坦纳的问题不能简单地予以回答。归化或洋化并无正误之分，它们各有其文化意义，我们从中也可以探测出译者或那个时代的文化观。归化／洋化问题，与意译／直译，或再创造／等值问题，其实是一类性质的问题。这里我们也可以看出，翻译现象不能仅从语言方面去理解，它在根本上反映出文化史意义。

三是翻译与模仿和创造。

斯坦纳（Steiner 1975）曾概括说，西方翻译史上基本上是三种翻译类型：一是严格的直译，包括逐词对译；二是忠实而又较自由地移译，可称为意译；三是模仿或再创造式地翻译。这三类译法对原文的跟随程度递减。德莱顿是这样区分三种译法的，并主张意译。歌德也将译法分为三种，不过与上述略有区别。他认为一种译法是旨在了解外界，因而对翻译的形式要求不高，是介绍性的翻译；另一种译法是旨在吸取外国文本中的精神内容加以再创作，是模仿性的翻译；还有一种译法是要求比较高的、在形神两方面都应逼似原作的翻译（Lefevere 1992：75-77）。歌德的高明之处在于，这三种译法都是跨文化传通所必需的，具体采用哪一种或哪几种要视译者的目的和文化的需求，在多大程度上采用原文的形式也有赖于译者的认识。比如注重吸收外域语言文化的翻译往往较多地仿用外国形式，初显生硬、别扭，最终有可能为母语文化所吸收，从而丰富母语文化。无论三种译法中的哪一种，都能使母语文化里的读者获益，往往是翻译和模仿兼有，翻译和创作互促。翻译时，发现原作中的新形式，可以引进或借鉴到本族文学语言中，因此本族文学语言的创新大多可以追溯到翻译。中国新文化运动时期的翻译和创作相得益彰就是一个很有趣的例子。当时的重要文人作家，如鲁迅、茅盾、胡适、郑振铎、巴金、冰心、郭沫若、郁达夫、闻一多等，无不从外国文化中汲取营养；他们都通晓外语（有的还懂数门），一方面直接从外语中汲取包括思想、情感、创作手法、表现技巧在内的养分，充实或激发自己的创作，一方面又直接做翻译介绍，在译文中模仿、借鉴外国文本。这些活动，既培育了中国现代文化、白话文学，又造就出一批不朽的作家和作品，功莫大焉。

3. 语言、文化、译者三结合

由上述讨论可以看出，从文化史的立场考察翻译，我们的收获会更为丰富。我们不妨考虑一个文化翻译论的研究方法，即，不是单从语言转换的角度研究翻译，而是从语言、文化、译者三方面结合来研究翻译。用图形表示：

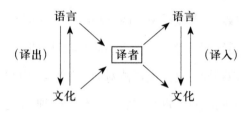

语言、文化、译者三者关系图

用语言表示：翻译是译者将一种语言文字的意思用另一种语言文字表达出来的文化活动。其中译者处于居中的位置，他的素质（对两种语言、文化的熟悉程度）、动机、所处环境、文化观、翻译观，甚至年龄、性格都有可能影响到他的翻译；而语言与文化又相互作用。

4. 思想观念对翻译的重要作用

安德列·勒夫维尔编这本翻译论集，不是按通常的以年代为序编排，而是分若干专题。有意思的是，他是按翻译所受限制的程度来安排专题及其先后顺序的。编者认为翻译要受到种种限制，而语言并不是最主要的，因此他排的专题和顺序是：思想观念对于翻译的作用，赞助人的力量，诗学，论域，翻译、语言的发展和教育，翻译的技巧，核心文本与核心文化。这 7 个专题收集的都是篇幅不大的论述，最后有一章，叫"长篇论述"，内容包括上述几方面。这种编排与我们的理解有较大出入，我们尽管可以不同意，但编者是精心规划的。最重要的是，这种翻译研究，会对总的文化研究有很大启发意义。

安德列·勒夫维尔是一位勤勉的学者，近 30 年来，他的论著、编著和论文不下百种。他的论点和他的名字为国际比较文学界和翻译界所熟知。令人痛惜的是，1996 年 3 月，安德列·勒夫维尔以 52 岁的盛年，病逝于美国得克萨斯大学比较文学教授任上。我们谨以此文表示对他的悼念。

参考文献

- LEFEVERE A. Translation/history/culture: a sourcebook [G]. London: Routledge, 1992.

- STEINER G. After Babel: aspects of language and translation [M]. Oxford: Oxford University Press, 1975.

九 译史研究，以人为本
——谈皮姆《翻译史研究方法》[1]

在翻译研究领域里，最热门的还是理论研究，翻译史研究应属冷门了。粗略考察一下 20 世纪后半叶我国翻译研究方面出版的 500 多本著作，可见其中理论研究方面占有 20% 以上的比重，而译史仅占 1% 而已。

国际上也大体如此。但近十几年里，在翻译研究中出现所谓"文化转向"（cultural turn），即注重从文化的立场考察翻译，于是译史研究渐兴。如近几年里有 Jean Delisle 和 Judith Woodsworth（1995）合编的《历史中的翻译家们》（*Translators through History*）、Lawrence Venuti（1995）著的《译者隐于无形：翻译史》（*The Translator's Invisibility: A History of Translation*）、C. Nord（1997）著的《翻译为有目的的活动：其功能研究》（*Translating as a Purposeful Activity: Functional Approaches Explained*）（又译《译有所为》），以及几本与译史、译论史有关的论文集。安东尼·皮姆（Anthony Pym）于 1998 年出版的《翻译史研究方法》（*Method in Translation History*），也是译史研究，而更主要的是论述译史研究方法，这是很少见的。

皮姆是西班牙巴塞罗那大学教授，从事译史研究有年，本书可以说是他多年的思索或理论探讨的结果。书不厚，220 页，共 12 章，分别论述历史、重要性、翻译书单、工作定义、频率、网络、规范与体系、体制、原因、译者（们）、

---

1 原作发表于《中国翻译》2002 年第 3 期。

交互文化、交叉学科等专题。

作者认为全书大致可分为两大部分，前半部分比较注重实际问题，后半部分则侧重理论上的探索。但读起来，感到全书都在争论或论述。他所说的注重实际，指的是如何确定要解决的问题，如何开列译作书单，如何绘制译作、译者方面的图表，如何区分和统计重译、重编和非翻译及其数量等；他想探讨的理论问题是，怎样研究翻译史，为什么用这种方法而不是另一种方法，如何将翻译史同人文问题相关联，如何界定译者，如何界定交互文化、跨文化等。他（Pym 1998：xi-x）自定了四项研究原则：

1）翻译史研究应解释为什么译作会出现在那特定的社会时代和地点，即翻译史应解答翻译的社会起因问题，而许多狭窄的实际的研究方法基本上不能用来进行社会起因的分析。

2）翻译史的中心对象不应是翻译文本、上下文系统或语言方面的特点，而应当是作为人的译者，因为只有人能对社会起因负责。只有通过人（还包括委托人、赞助人、读者等）及其社会环境，人们才能理解为什么译作会产生于那特定的社会时代和地点。

3）翻译史研究的重点在译者，故应围绕译者居住和工作的社会环境，即所谓译入语文化来研究，译者基本上都带有交互文化性。

4）人们为何要研究翻译史？是为了表达、面对或试图解决影响人们当前实际的问题。

概言之，其研究原则是"注重起因，聚焦译者，交互文化，着眼当前"。

前两章谈论翻译史及其重要性，皮姆（同上：1）感到这是个被忽略的问题，他举出十多位研究过译史的学者的著述都不够理想，而在影响很大的霍姆斯（James Holmes）的翻译研究框架里（图1），以及包括基迪恩·图里（Gideon Toury）等人在内的译论家们修改、认同的论述中，几乎从未包含翻译史研究。经 Toury（1995）讨论后的霍姆斯译学结构图特别突出"描述"，而描述研究所包括的三方面之一——翻译功能方面——的研究，大体上可视为接近翻译史的研究。但皮姆仍颇感不平：难道在霍姆斯等学者看来，历史只是对事物加以描述？翻译批评这种非描述性的活动就没有历史？理论研究可以置身于历史之外？为什么在霍氏框架中历史只是"理论研究"下的"分别研究"里的侧重时代（time-restricted）这部分的研究对象？

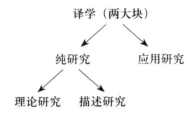

图 1 霍姆斯翻译研究框架简图（理论研究包括总体研究和分别研究；

描述研究包括翻译作品、翻译过程、翻译功能三方面研究）（参见 Toury 1995）

皮姆的这些质疑不无道理。我国学者构思的翻译研究框架，不少都包含翻译史的研究（参见王佐良 1987，王克非 1994 等），因为这对于翻译学科的建立，对于明确翻译的功能和作用，都是非常重要的。此外，皮姆还指出，很少有史家把译者放在关注的焦点上。即使是提出"文化转向"的 Lefevere 和 Bassnett（1992），他们也只是提出而没有详细解释这一点，没有指出译者背后的总的原因，因而未对社会历史提出实质性的具体研究成果。皮姆比较肯定的是 Delisle 和 Woodsworth（1995）的著作，该书对译者的活动给予了足够的关注，对译史特别是历史上翻译与文学、语言、宗教等文化活动的关系研究得比较具体、细致。

这也是皮姆本书所强调的译史研究要注重译者，即以人为本，注重翻译的交互文化特性。

在第 10 章论述"译者（们）"时，皮姆特意区分单数的译者和复数的译者们（参见 Pym 1998：161）。这有什么意义呢？在他看来，单数表达的译者，多是抽象意义上的译者，指产出译作的人，不论翻译时是一人还是多人，是分译还是合译；而且指的是有翻译能力、遵循一定规范并获得标准报酬的人，即职业译者。皮姆认为这种单数、抽象的译者在历史上不会起到积极有效的作用。而复数的"译者们"是有血肉之躯（flesh-and-blood bodies）的活生生的人，不像单数表示的抽象的人，他们要谋生，要为自己、为家庭、为后代着想，他们会趋利避害，游走于城市和不同文化之间，正是这些译者们的活动同翻译史紧密相关。

其实译者们也不一定是长期从事翻译工作的人。在17世纪的巴西，据记载，434位译者中只有9人还有别的职业。但是在20世纪从事将阿拉伯语译成希伯来语的150位文学译者中，仅有一人是全职翻译。在将西班牙语译成英语的译者中，"大多数为年轻人，他们千方百计地要钻进文学界"（即从事翻译只是进入文学界的踏板）。法国文学翻译家很少是长期的专业译者，相反，其中最著名的都是作家或记者。这也是为什么皮姆特别看重职业翻译之外的译者们的原因。他还提出，要理解作为人的译者们，就必须解释他们为什么会做翻译，又为什么会不再做翻译，要了解他们做翻译的背景。作者以他专门研究过的将尼采作品翻译成法文的亨利·艾尔伯特为例，对此做了详细的论述（参见 Pym 1998: 167）。这一点在东方也可以找到许多的例证，如中国近代的严复、林纾、鲁迅等人，如日本近代的福泽谕吉、中江兆民、二叶亭四迷等人，他们都不是职业翻译家，他们从事翻译都有深刻的背景，因此对民族思想文化的沟通起了极大的作用，在翻译史上留下了永恒的足迹。这也印证了"翻译是译者将一种语言文字所表述的内容用另一种语言文字表述出来的文化活动"的定义。

译者处于两大文化之间，是文化的搭桥人，皮姆对此在"交互文化"一章里作了进一步的论述。他画了一张简明的示意图（图2）：

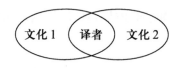

图 2　交互文化示意图

图 2 显示，译者不仅是两大文化之间的搭桥人，他本身就处于两大文化的交叉部分，他产生的译作也应处于两大文化的交叉部分。皮姆首先解释了几个重要的术语：跨文化（cross-culture）、多元文化（multiculture）和交互文化（interculture）。跨文化指一种文化跨移到另一种文化中，多元文化指在一个

社会或政区中存在多种文化，而交互文化指的是不同文化的交叉或重叠，三者各具不同含义。皮姆作此区分是很有见地的。以前普遍认为译者仅属于一种文化即译入语文化，理论家们通常忽略了居中的交互文化这一块。如在比较有代表性的译论家中，Lefevere 认为"译者属于他们出生或生长的文化边界内"，边界意味着两边，没中间地带，没交叉重叠；Venuti 从不同角度看待这一问题，但也同样认为译者属于译入语文化（他曾说将外文译成英文的译者应"捍卫自己作为英国或美国公民的权利"；而作者皮姆质疑说，自己作为生于澳大利亚、居于西班牙、从事外译英的译者，既非英国也非美国之公民）；Toury 也如同上述二位，未看到他充分重视交互文化，但他至少还试图给这个术语明确概念，他似乎承认交互文化的存在，说"实际上最好是有一系列不同的交互文化"，每一个都属于一特定的译入语文化（同上：179），看来他也未能超越译者属于某一译入语文化的观点，因而不能给翻译文学或翻译文化以明确的定位。翻译文化（translation culture）这一术语来自德语 Übersetzungskultur，是哥廷根学者创立的术语，以描述在译入语系统中制约翻译的那些文化规范（我们曾使用 translation in a cultural context、a cultural history of translation 等词语来表述翻译文化或翻译文化史，总感不便，现在可直接用 translation culture 了）。而译者们所进行的翻译活动就是翻译文化，它实际存在于两大文化的交叉部分，既非此（文化 1）亦非彼（文化 2），是交互文化。皮姆的这一观点，对于我们讨论多年的翻译文学（文化）是属于外国还是属于中国文学（文化）的问题，是一个有意义的回答。

皮姆是由于偶然的因素，即为 Mona Baker 主编的《劳特里奇翻译学百科全书》写西班牙翻译史时，研究了托莱多，进而产生了对翻译史的研究兴趣。此书篇幅不大，但容量不小，讨论了许多译史研究上的问题和方法，提出了不少假说。例如他讨论"频率"问题，提出在翻译策略上有争议时，往往会出现重译，特别是复杂难译的文本更容易产生不同译本，这一假说基本上可以在我们的翻译史上得到印证。对书中丰富的内容，本文只能谈点主要的方面。此外，读者可能会感到书中争论太多，在枝节问题上所花篇幅也嫌多了些。再就是本书对一些文献性的基础研究在翻译史研究中的重要性没有给予足够的重视。而无论对于通史还是专门史来说，收集充分的史料，是至关重要的，也可以成为许多研究工作的发端。在这点上，重视材料的日本学界就做得非常好，值得借鉴。

例如日本学界 30 多年前编的 31 卷《明治文化全集》。它由多种专集组成，每一种专集后面都附有文献目录。例如，"经济篇"专集后面就附有"经济文献年表"，收录自 1865 年至 1897 年 30 余年间日本出版的各种经济类文献 525 种，从中初步统计出翻译的或编译的经济类文献有 224 种（有些署名为"著"的其实也有译编性质），占全部文献的 43%。有了这一文献目录调查基础，考察此期日本经济学的引进与发展及其与翻译的关系就相当方便了。其一，我们得以了解到明治时期翻译对于日本社会的进步发生了不可替代的作用。不仅近一半的经济文献是翻译国外的经济著述，而且实际上许多撰著也是在翻译的基础上编写的，或是在翻译引进之后学者们加以消化吸收的产物。翻译对于日本近代经济学、近代经济思想的进步与发展无疑具有先导作用。其二，我们可以从中了解在对西方经济学的翻译摄取上，日本最初是吸收何种经济思想的，最早翻译的是何种西方经济学著作。其三，我们可以从中了解经济学的新概念、新术语是何时和如何引进、创立的。其四，我们从中可以探究何种经济思想较为受重视，其翻译在何种程度上影响了相应的论述（参见王克非 2001）。这些无论是在思想史上还是在翻译史上都是非常重要的课题。

读完《明治文化全集》还有两点启示。一是我们无论做何种研究，应经常注意将零星的思索记录下来，经常注意同他人的研究进行比较，并不时加以重新思考和整理，学会提出假说。二是做研究，包括做历史研究，要注意方法及方法的研究。我们已有几部翻译史，但还很少见到对翻译史研究方法的探讨 [王宏志（1999）评述了我们已有的七八部译史研究方面的著作，还有他在该书中所做的译史研究，都具有研究方法上的意义]。这些可能是我们在今后的研究中需要努力的地方。

参考文献

- 王宏志. 重释 "信达雅" ——二十世纪中国翻译研究 [M]. 上海：东方出版中心，1999.

- 王克非. 论翻译文化史研究 [J]. 外语教学与研究，1994（4）.

- 王克非. 论翻译文化研究的基础工作 [J]. 外国语言文学研究，2001（1）.

- 王佐良. 新时期的翻译观——一次专题翻译讨论会上的发言 [J]. 中国翻译，1987（5）.

- DELISLE J，WOODSWORTH J. Translators through history [C]. Amsterdam：John Benjamins，1995.

- LEFEVERE A. Translation/history/culture: a sourcebook [G]. London：Routledge，1992.

- NORD C. Translating as a purposeful activity: functional approaches explained [M]. Manchester：St. Jerome Publishers，1997.

- PYM A. Method in translation history [M]. Manchester：St. Jerome Publishers，1998.

- TOURY G. Descriptive translation studies and beyond [M]. Amsterdam：John Benjamins，1995.

- VENUTI L. The translator's invisibility: a history of translation [M]. London and New York：Routledge，1995.

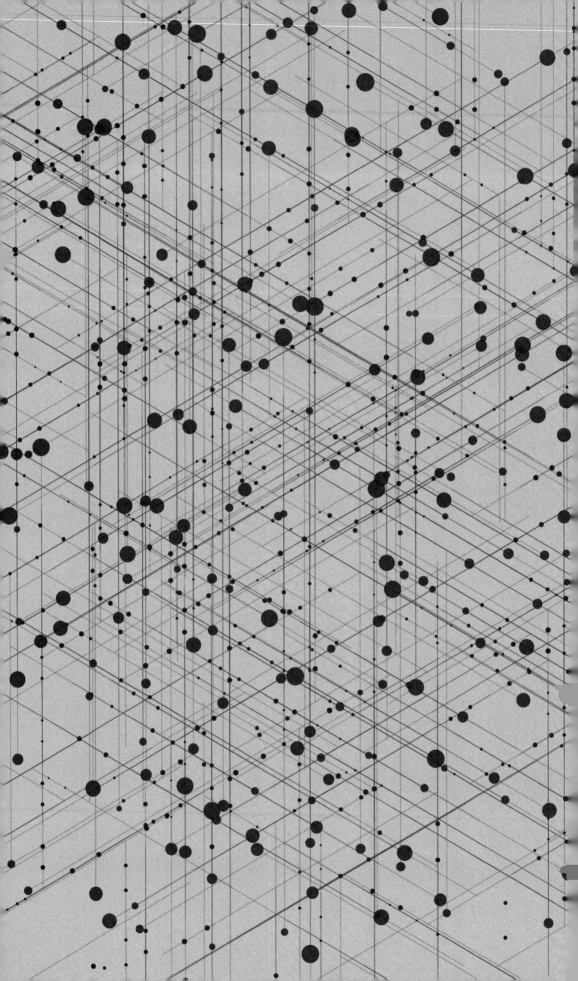

第三部分

翻译之于语言文化

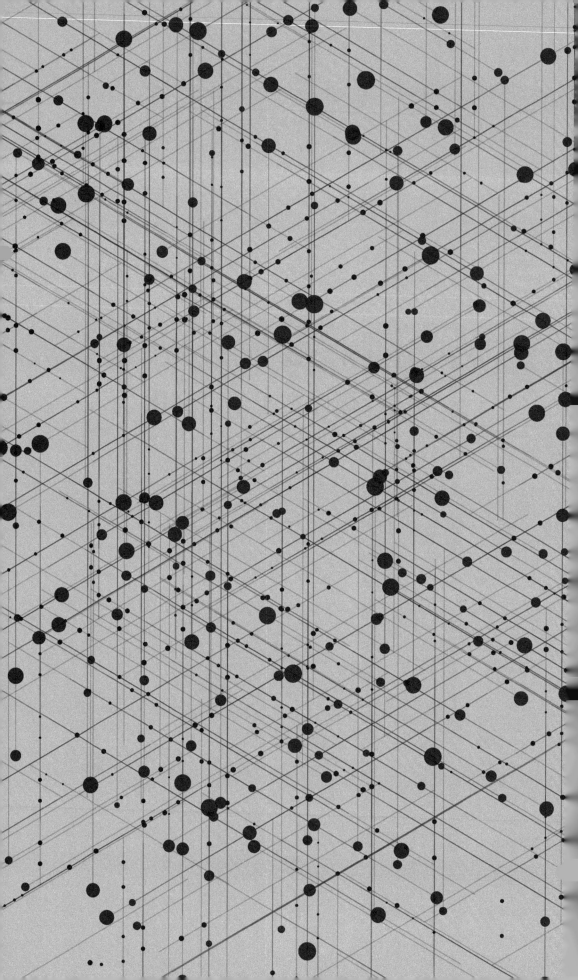

导　言

从中外历史上看，翻译不仅仅是相互语言不通的人或群体之间的沟通，它对于译入语或目标语的意义，怎么评价都不为过。千百年来，无论西方东方，都见证了翻译对于文化传播与沟通的重大作用。我们可以清晰地看到一条由希伯来文到希腊文（亚历山大城），再由希腊文到阿拉伯文（巴格达），再经阿拉伯文译入拉丁文（托莱多）以至欧洲各国语言的文化典籍传播路径。这就是翻译开辟的文化沟通路径。

近代中国和日本，都是从封闭的社会，被迫打开国门，面对拥有坚船利炮的西方列强，思考本国的出路和未来。其中，先觉醒的知识分子意识到这不单是民族和国家之争，也是思想文化的现代化问题，从而开始学习和吸收先进的科学技术及全新的人文、社会、制度、理念。翻译就是这一学习和吸收的必由之路。无疑，在这条路上，日本走在我们的前面。

下面数篇文章就是评述日本在翻译、摄取西方新思想、新文化时，汉字如何充当了新概念的载体，而日本学人又是如何孜孜不倦地追寻的。当翻译带来大量的本文化没有、因而不是完全能理解的概念时，以怎样的字词接受它们呢？日本学界对明治前后数十年的新语词、新概念的出现、发展极为关注，对自由、社会、科学、哲学、卫生、近代、自然、汽车等许多新词的产生和衍变做了详尽的考证。特别是"社会"一词，从最初翻译时的不解和初译，到最后的定译并通行，竟耗费 60 年之久。前人的这些努力不知给后代带来多大的文化交流便利，不仅对日本，对中国和汉字文化圈也都是极大的贡献。这些都是翻译所传播的文化影响。翻译之于文化之于民族的功效大矣哉！

我们对一百多年来汉字译词及其衍生的探究还不充分。20 世纪 50 年代出版了高名凯、刘正埮的《现代汉语外来词研究》之后，20 世纪 90 年代出版了岑麒祥的《汉语外来语词典》，但类似日本学界的《翻译语成立事情》《日本译语考》之类译名译词考证的专著甚少。之后，意大利汉学家马西尼（Federico Masini）著有《现代汉语词汇的形成——十九世纪汉语外来词研究》，又参编《近现代汉语新词词源词典》，算是比较深入的研究。但仍有不少问题留待解决。例如 19 世纪传教士们编纂的多种华英／英华词典，其中的译词，以及这些译词对日本学人的影响，都值得下大气力研究。

文学的翻译也反映出日本当时如饥似渴求知于西方的社会状况。仅从莎士比亚作品翻译即可窥见一斑。移植性的编译性的译介是当时的译风。日本学者木间久雄认为，明治时代的翻译文学，一是为启蒙，二是为宣教，三是为文学，但都是适应当时日本社会发展之所需。一个时代的翻译现象只有放在大文化背景中才能解释。莎译所显示的明治时期翻译就是一个以社会需要为旨归的翻译文化史过程。

1998 年初到 1999 年初，我在日本文部省国际日本文化研究中心做客座研究时，对这些问题以及明治对外开放初期的日本怀有浓厚的兴趣，也时常感叹日本人收集、整理和珍惜书籍（包括自古以来的译书）的学术精神。记得那时经常从早到晚待在中心那清静高雅的图书馆里，遨游书海一般，直到深夜出来。在走回宿舍的路上，深吸几口山林的空气，觉得神清气爽，毫无疲惫之感。于是会暗订计划，考察和比较中日近代翻译文化中的种种课题。那是一段常让我回望的美好的学术生活。

十 汉字与日本近代翻译

——日本翻译研究述评之一 [1]

在许多场合下，汉字在日本近代充当了翻译西方学术著作的载体。这是因为：1）中日"同文"；2）从事译介的日本学者有深厚的汉学功底；3）日本人得到汉籍和早期英华字典的帮助。日本学者从汉语中选字择词创立译名付出了艰辛的劳动，这是值得我们注意的。

1．主动接受西方文明

17世纪以后，西方文明开始悄悄流入中国和日本。到19世纪中叶，这股流入形成了汹汹的涌入之势。有着几千年文明史的中国，是在抵御列强欺凌的情势下，逐步地认识和接受西方文明的。日本的文化传统和所处的国际环境，使她能较为主动、全面地接受西方文明，尤其是明治维新以后，日本出于近代化的需要，积极翻译西方各科书籍，因而在吸取全新的文化概念、处理对应的译名时，比中国先行一步，多下功夫。这关键性的一步，即他们据汉字创立的译名，不仅影响了日本也影响了中国（还可以包括汉字文化圈诸国）对西方新思想、新概念的理解与接受。

近代日本为什么用汉字作为接受西方文化的载体，这些汉字译名是怎样确

1　原作发表于《外语教学与研究》1991年第4期。

立下来的，经历了一个什么样的过程，诸如此类的问题，日本的学者以认真的态度做过细致的探讨。这正是日本翻译研究的一个重要特点。几十年来，世界上各种翻译观点和理论争相涌现，我国译界对此也兴致很高，而日本译界似乎不大为之所动。他们无意于理论、标准、体系上的纷争，不迷恋新名词和交叉学科的炫耀，仍孜孜于明治初期及其以后的译词的研究，积累了扎实的材料。笔者 1991 年春访日期间，参加了一个翻译问题国际研讨会，会议的主题就是关于这些译词对西方思想的传输有过什么误解或创造。我们近年忙于翻译理论的介绍和讨论，对邻国日本的翻译研究，特别是与我国近代思想、与现代汉语关系密切的日本近代翻译问题，很少予以注意，本文希望略补此缺。

2. 汉字——接受西方文明的桥梁

日本开国之前，与外部世界的联系不多，除了长崎的兰学"窗口"外，基本上只同中国来往。在明治维新前的日本语中，汉字的使用并不太多，普通人的文化水平不高，识不了多少汉字。但是中日两国文化共有汉字，具有一定文化水平的日本人读汉文书籍大体上能弄懂意思。明治维新之后，一大批读书人走上政坛，他们使用的文语被视为"优越语标准"，地方出身的年轻官员为维护官僚的尊严，显得有修养，不仅操一口洗练的会话语，而且使用从文语中学来的"书生语"。因此，当时的布告、政令、公文等都使用大量汉字（虽然当时有人试图废止汉字），一般民众虽然不能立刻理解（参见文化厅 1979：23-24），但久而久之就习惯了。

除此外，汉语词汇急剧进入日本语与明治时期的启蒙学者是分不开的。他们大都具有深厚的汉学修养，在著译中多使用汉字，而这些启蒙读物往往流行很广。新思想的输入和学者们努力用汉字表达它们，使得日语中汉字激增，词汇更新。1867 年出版的《和英语林集成》，在 20 年后出版增补第三版时，增补了一万多条新词语，还未包括化学、医学、植物学等专门术语，这一大批新增词语，都是借用汉字创立的。

在历史上日本与中国的文化联系密切。日语吸收了中国的汉字，这是近代史上汉字词汇大量出现在日语中的先决条件。值得提出的是，介绍和翻译近代西方学术思想的启蒙学者大多是先修汉文（识汉字、读汉籍），然后才接触西学、从事译介的，这是日本近代翻译的重要特点，是汉字和汉语词汇成为西学媒介的主要原因。福泽谕吉、西周、加藤弘之、中江兆民、中村正直、森有礼等近代早期学者都有过先汉学后西学的经历。从《福翁自传》里我们可以看到，福泽谕吉十四岁开始学习汉文，读中国的四书五经，尤其喜欢《左传》；二十岁开始学习"兰学"，二十五岁借助英兰字典学英文。中村正直学习汉文更早，十一岁已开始入门研习汉籍，在著名汉学家井部香山、佐藤一斋门下学习朱熹、王阳明学说，十八九岁时悄悄接触"兰学"，学习英文是在二十多岁、日本开国之后。这样的知识结构，必然使这些学者将汉字同西学紧紧连在一起，不仅是以汉字作为西方学术的载体，而且凭借汉字读汉语书籍，通过汉语了解世界，以汉语字典帮助学习西方语言。

近代西学进入中国较日本为早，但这主要是西方传教士带来的，不是中国的知识分子主动吸取的，因此早期的英汉双解辞典是 R. Morrison（马礼逊，1822 年编）、W. Lobscheid（罗布存德，1866—1869 年编）、Medhurst（梅德赫斯特，1847—1848 年编）等外国人编纂的。这些英华字典很快也进入了日本，对日本人编纂《英和对译袖珍辞书》（1862）、《英和字典》（1872）、《附音插图英和字汇》（1873）、《英华和译字典》（1879）影响极大。据日本学者森冈健二（1969）考证，当时日本人的一本主要英日字典《附音插图英和字汇》的许多日译词，同罗布存德的《英华字典》中的汉译词一样，如"自主""技艺""行为""管辖""利益""利息""数学"等。还有"法律""民法""刑法""内阁""关系""主权"等词（这些词有不少被列入高名凯、刘正埮等人编的《现代汉语外来词研究》），虽然是经日语普遍使用才成定译，但毕竟更早出现在《英华字典》中。

中国的这些字典，既帮助了英日字典的编纂，也帮助了日本学者对西方学术著作的翻译。据高桥昌郎著《中村敬宇》，中村学英文时，曾借来一本《英华字典》，手抄一遍，并根据自己所读的英汉书籍，在手抄的《英华字典》上做些增补。他后来做的翻译显然得益于此。例如他 1872 年翻译的《自由之理》，其中就有许多的译词，如"道理""商量""意见""权势""谈论""利益""制造"等，与罗布存德的《英华字典》中的译词是一样的。

中文字典对日本学者的翻译有所帮助，对他们在翻译时创立译名也有启迪。福泽谕吉（1978）在《福泽全集绪言》中就举过一例。他说："英语的steam，历来译成蒸气。但我想，能否把它缩成一个字呢？于是拿出所藏的《康熙字典》，不经意地翻找火字旁、水字旁，在翻阅中看到一个'汽'字，注曰：水之气。我觉得这个字不错，就第一次使用了'汽'字。"他接着说，后来社会上通用的"汽车"等词中的"汽"字，就始于他当年偶然所觅。（同上：9-10）

因此，我们可以说，若没有汉字，没有汉学基础，近代日本学者要想确切地、全面地、普及性地传输西方文明是很难成功的。

3. 汉字新生——词义再造

日本近代翻译得益于汉字，但不是简单地、现成地利用汉字。明治初年的日文书面语言与口语差距很大，其用语和文体不适合表达新思想，汉语中同样没有现成的词汇表达近代新文化概念。日本的启蒙思想家是在理解和掌握西方思想的基础上，对汉语汉字勤求深探，创立出一整套关于科学、哲学、政治、经济、法律等方面的词汇，这正是日本学者的可贵之处，是近代翻译的成功之处。

汉语译词的出现和定名，是一个逐渐比较、取舍的接受过程。以 train 的译词"汽车"（在日文中是"火车"的意思）为例。一般认为这个词是福泽谕吉在其所著《西洋事情》（初编，1866）里最早使用。广田荣太郎在《近代译词考》（1969）中对此做了极详细的考证。

先看看中国文献。《博物新编》[合信（B. Hobson），1855；日文训点本，1864] 中有一例"汽车"，其余为"火轮车"。《地球说略》[祎理哲（R.Q.Way），1856；日文训点本，1860]、《智环启蒙》[理雅各（J. Legge），1856；日文训点本，1866]、《六合丛谈》[伟烈亚力（A. Wylie），1857—1858；日文训点本（年代不明）]、《联邦志略》[裨治文（E. C. Brideman），1962；日文训点本，

1864]² 等书中，多为"火车""火轮车"，未见"汽车"。

再考察一下日籍。从《远西奇器述》（1854）、《玉石志林》（1861—1864）、《漂流记》（1863）、《西洋事情》（初编，1866）、《英和对译袖珍词典》（1866）、《航西日录》（1860）、《遣米使日记》（1860）等书看来，绝大多数为"蒸气（汽）车"，还有"汽车""气车"，而"火轮车"罕见。可以看出，日语中"汽车"一词的产生虽可能有汉语书籍影响（有1例），但主要是包括福泽在内的日本人逐渐使用并由三字语缩为二字语而来。中国的对应译词是"火车"，走的是另一条翻译思路。

"汽车"一类表述物质文明的词语，有实物可见，尚且要经过多年使用、选择，才得到定译，"科学""社会"一类表述抽象概念的词语，定译就更不容易。

"科学"一词所包含的意思，简单说来，是在福泽谕吉的《劝学篇》（1872）中初见端倪。在这本书中，福泽介绍了地理、物理、经济、历史、伦理等新学科的性质和内容，以"一科一学"这个词组道出学术研究分门别类的概念。同期哲学家西周在《百学连环》（1871）一书中指出：凡学问皆有"学域"。有域就有界限，学术分科的意思已隐含其中。三年后，西周在《明六社杂志》上发表以"知说"为题的论文，明确地使用"科学"一词对应于英文的science，这个译名才渐渐确定下来。

"社会"一词更为复杂。1814年，在日本最早的一本英日字典《谙厄利亚语林大成》中，society的译词是"侣伴、ソウハン（相伴）"。1855—1858年的《和兰字汇》中出现"集合，又，集会"的译词。幕末明初时期很普及的《英和对译袖珍辞书》（1862）中，society被译为"仲间、交り、一致"。1867年出版的《和英语林集成》中，出现"仲间、组、連中、社中"等译词。明治时期广泛使用的字典是《附音插图英和字汇》（1873），它将society译为"会、

---

2 列出这些书目的意义有三：1）可以看出日本输入汉语书籍之广之快；
2）介绍西方、西学的汉文书籍虽多且早，可是著者却不是中国人；
3）时隔百多年，这些书已很难寻得，而日本学者为考证一词之来历，如此下功夫，令人钦佩。

会社、连众、交际、合同、社友"。历经 60 年，society 的"社会"这个译词才仅仅有点眉目。（参见柳父章 1982）

上述这些译词还仅仅表示出 society 所含的两层意思之一，即表示朋友、亲人之间的较狭小的人际关系，未表达出第二层意思，即人们因为相互利益而集结、交往和共存的生活状态或方式。这是因为第一层狭小范围的人际关系在日本现实生活中存在，第二层范围广泛的人际关系在当时的日本生活中尚未充分发育。

为了传达出 society 的第二层较为广泛的意义，福泽谕吉在《西洋事情》（补编）和他翻译的《经济论》中，使用"人间交际"这个词组，目的是同日语中的"交际"的意思相区别。1872 年，中村正直翻译《自由之理》时，对 society 的处理也颇费斟酌。因上下文不同，他的译法也各异，计有"人伦交际上""仲间连中（即政府）""人民""会社""仲间会社""总体人"等多个。这既表明中村对 society 的确实含义把握不准，以致译词混乱，也说明他认识到 society 是与个人相对的一种力量、一个组织或集合体，因而竭力在探求一个比较恰当的译词。

"社会"这个词是随着社会的进步和学者认识的加深而逐渐形成的。"社"和"会"这两个汉字，在明治时期前的日语中早已有之。早期的英华字典中，society 的译词也是"会""结社"等，因为中国社会的发展程度也不高，"会"和"社"表示的只是"白莲会""文学社"一类词中的意思。明治初年，日本"社""会"很多，最有名的是明治六年启蒙学者建立的"明六社"。在该社办的《明六社杂志》中，西周、森有礼等人（1875）开始使用"社会"一词，不过主要还是较窄的意义，相当于"会"和"社"。1876 年，福泽谕吉在《劝学篇》第 17 编中使用了"世间"和"社会"两个词，后者是同前者相对而用的，开始具有 society 的广义。从他的文中可以看出，"世间"含贬义，"社会"具褒义。"世间"所指比较具体，"社会"所指较为抽象。"世间"在日语中至少有千年历史，所指是人人都明白的，"社会"是新词，显然它的所指是新事物。

"社会"这个词经过漫长的演化才成为 society 的定译，并流传开来，一是由于社会本身的发展，一是由于这个词不像"交际""世间"等旧有词汇包含那么多与society意义有偏差的旧语义，而是从"会""社"改造、组合而来，既含有一点"社"和"会"的语感，又脱离了旧有的意思，具备一种新的、抽象的意义。

4．汉字与翻译共存共荣

从"汽车"以及"汽船""映画"（电影）"写真"（相片）等表示具体的现有事物的译词的形成到"社会"（以及"个人""权利""政治""存在""科学"）等表示抽象的、现实生活中尚未充分发育的事物的译词的确立，展示出汉字译词对日本吸收西方近代文明发挥了巨大作用，也展示出当年日本学者经过多人的努力、多年的传递和比较才创立大量译词的艰苦过程。

汉字参与日本近代翻译的意义还在于：一方面，汉字和汉语词汇应日本近代学术翻译之急，担当起新知识载体的重任；另一方面，近代学术翻译给了汉字新的生命，丰富了日语、进而丰富了现代汉语的词汇，锻炼或发展了汉字的表意能力（我们今天看到氛围、构想、策划或企划、综览、急所、写真等词语也不会感到莫名其妙）。可以说，汉字与日本近代翻译共存共荣、互惠互利。

参考文献

- 福沢諭吉 . 新订『福翁自伝』[M]. 東京：岩波書店，1978.

- 鈴木修次 . 日本漢語と中国 [M]. 東京：中央公論社，1981.

- 広田栄太郎 . 近代訳語考 [M]. 東京：東京堂，1969.

- 文化庁 . 和語・漢語 [M]. 東京：大蔵省印刷局，1979.

- 森岡健二 . 近代語の成立 [M]. 東京：明治書院，1969.

- 柳父章 . 翻訳文化を考える [M]. 東京：法政大学出版局，1980.

- 柳父章 . 翻訳語成立事情 [M]. 東京：岩波書店，1982.

十一 若干汉字译名的衍生及其研究

——日本翻译研究述评之二[1]

汉字译名是中日近代汲取西方文化的重要媒介。译名的创立和衍生反映出外来新文化与传统文化在概念上的异同，以及学者们对此的警觉和探索。本文对若干汉字译名衍生的评述，正是这一过程的写照。本文将对日本在这方面的研究情况进行评介。

1．题解

近代日本和中国汲取西方思想，激化了汉字新词语的繁衍，对于数量很大的汉字译名，我们只能选取若干个加以论述，探讨其衍生的特点，其余译名的形成可举一反三而推知。

汉字译名。译名，也说译词、译语（日本称翻译语、译语），即因翻译而产生的对应于外来文化中某一概念的词语（以名词居多），是与异文化接触的产物。译名有两类。一类是本族语中与外国语某个词在语义上对应的词，如英语的 book，汉语译为"书"，mountain 译为"山"，black 译为"黑"，等等。另一类是，本族语中没有现成的词对应于外国语中的词，由译者在翻译过程中根据本国语言材料创立新词作为对应的译名。方法有三种：其一，从已有的词

1　原作发表于《外语教学与研究》1992 年第 2 期。

汇中选择语义接近的词，如以"革命"（本是实施变革以应天命之意）译英文词 revolution，这类词还有自由、知识、文明等；或加以变通、改造，如以经济（本是经世济民之意）译英文词 economy，文化、民主、个人、博士等词属于这种。其二，凭一定理据将几个汉字合成一个新词，如将"哲"和"学"二字合成，创立"哲学"一词译英文词 philosophy，这类词有美学、肯定、否定、扬弃、激光等。其三，径译词音，如以"沙发"译 sofa，"白兰地"译 brandy，以及大量的人名、地名的音译。本文只讨论后一大类译名（但不涉及音译），又主要讨论近代日本利用汉字创立或改造的译名[2]。

衍生。关于近代汉字译名的形成，我们通常称之为"创立""确立""创造"等（日本也说"成立"）。严复说"一名之立，旬月踟蹰"，说的是译名的确立不易。译名诚然是译者提出的、创立的，但往往不可能一创即立，许多新事物的译名是在提出—修正—多次使用—逐渐固定这样一个过程中确立的。例如我们在"述评之一"（《外语教学与研究》1991 年 4 期）中论述过的"科学""社会"译名，还有"经济""哲学"等译名，就经历过这样的过程。因此，我们不妨称这样的汉字译名的形成是一种"衍生"。它来源于汉字，但语义发生变化（赋予新义）；是汉字的产物，但不是古汉语词汇中固有的；它的形成不是一人一时的独创，常常受到诸多因素的影响。[3]

本文讲的近代日本汉字译名，指的是明治初期日本广泛汲取西学时的，一般不涉及明治以前如江户时期的翻译，关于江户时期的兰学研究和翻译可参看杉本つとむ的《日本翻訳語歴史の研究》等书。为了行文方便，在讨论译名的衍生之前，本文先介绍关于这方面的研究。

2　高名凯、刘正埮的《现代汉语外来词研究》中列出 459 个来自日本的汉字词语，实藤惠秀《中国人留学日本史》中曾列出 784 个，后经作者本人和谭汝谦增补至 844 个。其中有些词是否日本造，尚有争议，但总归是近代引入西方文化时产生的汉字译名。本文不涉及外来词这个概念。

3　关于中国和日本近代学者对自由译名的考虑以及两者的比较，可参看笔者另文《从中村正直和严复的翻译看日中两国对西方思想的摄取》，载《外语教学与研究》，1989 年 4 期。

2. 汉字译名的研究——学者和书目

国内关于近代汉字译名研究的专门著述不多，高名凯、刘正埮的《现代汉语外来词研究》（1958）等著作做过涉及这方面的研究。该书分 3 种类型列举了 459 个源于日语的汉字词语，没有考察其衍生。其他著述多语焉不详。可以说，我们对于在思想史上具有特别意义的汉字译名还缺乏足够的了解和研究。

近代的翻译对于日本的现代化起了极大的更新观念的作用。日本学者对翻译过程中各种译名的形成以及译名与原义的离合一直表现出很大兴趣，做过深入的探讨，下面择其要者做一简述。

《翻译语成立事情》（岩波书店 1982）的作者柳父章，是这一领域中活跃的研究者，著述颇丰。在这本书中，柳父章以明治时代 10 个新造译名为例，细致考察了译名衍生的过程。他把这 10 个日本造的汉字译名分为两种：一种如社会、个人、近代、美、恋爱、存在，是从幕府末期到明治时代，为译介西方文化而新造的译词；另一种如自由、自然、权利、彼（日语中的"他"），是早已进入日语的汉字，是日常用语中产生的译词，虽赋予新义，但不能避免原来的俗义。他的研究特点是，不单单把译名作为语言问题，追寻字典上的意义，而是从学术和思想上，从广义的文化诸方面做综合的考察。在他的书中，对于一个译名，他尽可能寻找出 20 世纪的各种英华／华英辞典和日本双语辞典上的最初译名，比较多种译法和后来的演变。在他的笔下，福泽谕吉、中村正直、西周、加藤弘之等启蒙学者对学术译名的不倦探求都具体地呈现出来。作者用力甚勤。

柳父章还著有《翻訳とは何か》（法政大学出版局 1976）和《翻訳文化を考える》（同上 1980）。在前一本书中，作者讨论近代初期的思想家对西洋语言的受容，认为汉字译名是一种具有"宝石箱"效果的特殊现象。在后一本书中，他对从古至今日本造的汉字译名的形成过程，对日本翻译文化的特殊点，做了更深一步的研究。

他之所以提出"翻译文化"这样一个概念，是基于这样的认识，即认为近代日本的学问／思想，就是翻译学问、翻译思想。他把翻译一半作为语言问题，一半作为日本的学问／思想来研究。日本学问或思想方面的问题，无不与词语有密切的关联，反过来，对思想问题的探究，也显然能促进对翻译和译名性质的理解。柳父章在 20 世纪 70 年代早期就提出这样的研究观点，并坚信这一观点。在《翻訳学問批判》（日本翻訳家養成センター 1983）中，他首先对翻译学问加以评判，一是从语言学上，一是从翻译哲学上。他在书中第二部分讨论近代日本与翻译：1）翻译对日语句子的影响；2）卢梭是怎样翻译过来的；3）小林秀雄对卢梭的误译；4）近代思想史上的"天"和 nature，在作者另一专著《翻译思想》（平凡社 1977）中对此也有探讨；5）日本人思考问题的步骤。第三部分是对翻译观点的论述。

上智大学教授森冈健二也是这方面的重要研究者，他著有《近代語の成立——明治期語彙編》（明治書院 1969）和一些相关题目的论文，如《明治期の漢語》（载文化厅编《和語・漢語》1978）、《訳語の変遷——語構成を中心として》和《〈自由之理〉の訳語——その英華字典の関係》等。森冈健二是从考察近代早期的双语字典和启蒙学者的著述着手，比较两者的词汇使用情况及其承受关系。他的研究重点是明治早期。在详细考察这个时期的双语字典（特别是英华字典及其对英和字典的影响）后，森冈健二以丰富的例证说明，日本早期启蒙学者西周、中村正直等人的著、译中使用的译名很多是借助于英华字典。普遍认为是西周创立的归纳、演绎、概括、定义等逻辑学术语和抽象、具体、直觉、理性、主观等哲学术语，森冈都认为未必是西周所创。换句话说，他特别强调日本汉字译名所受的中国文化影响，许多译名或是取自早期各种英华字典和西方传教士的汉文书籍，或是受到汉语影响（在用字和构成方式上）而制成。

研究这一时期汉字译名的重要著作还有近藤咲子的《明治時代語の研究——語彙と文章として》（明治書院 1981）、佐藤亨的《幕末明治初期語彙の研究》（桜楓社 1986）、斋藤毅的《明治のことば》（講談社 1977）、广田荣太郎的《近代訳語考》（東京堂 1969）、佐藤喜代治（编）的《近代の语汇》（明治書院 1982）和文化厅编的《和语・汉语》（1978）等。近藤咲子书中对"自由"等译名的考证极为详细，不仅列述自由一词在汉籍中的用例和原义，还考察自由在日籍中的各种用法和明治早期学者的不同使用。广田荣太郎书中研究的主要是日常用语中的新译词，如恋爱、蜜月、接吻、悲剧、喜剧、活动写真、映画、俱乐部、常识、世纪、汽车、汽船等，考证极富，引用了大量文献资料。《和语・汉语》中除了上述森冈健二的论文外，还有数篇关于汉语、日语词汇关系的文章。佐藤喜代治所编论文集《近代的语汇》，共收 15 篇论文，分别论述字典的译词、早期译著中的词汇、报纸词汇、演说词汇和森鸥外、夏目漱石、芥川龙之介等的文学作品中的词汇。其中飞田良文在《近代词汇概说》一文中，列出在明治、大正、昭和三个时代，日语中和语、汉语和外来语分别所占比重。可以看出，在日语中，汉语的比重从明治时的 20%，升至大正时的 39%，到昭和时代达到 54%，超过和语成分（见该书第 24 页）。从当时的字典看，汉语的成分也在逐渐增加，从幕末的 25%，到大正初期最高达 39%，明治四十五年间一直在增长。这也说明近代汉字译名在不断繁衍，在日语生活中起到无可替代的作用。

原广岛大学教授铃木的《日本漢語と中国》（中央公論社 1981），则是通过语言这个窗口看近代汉字文化圈如何接受西方文明（他还著有《汉语与日本人》《汉字的性质与汉字文明的未来》等书）。他在书中论述了权利、义务、科学、真理、自由、宗教、论理学、进化论等译名的产生和变化。他在论述中总是拿中国的情况做比较。中国也面对异文化的冲击，但严复等人的译名渐渐消失，取而代之的是日本思想家所创立的衍生于汉籍汉字的译名。

杉本つとむ的《日本翻訳語歴の研究》（東京八坂書房 1983）与上述研究明治时期译名的著作不同，它的视野在此之前，是从 16 世纪到 19 世纪中叶，将整个近世翻译文化的背景和发展路线置于研究域中：日本与欧洲（主要是荷兰）的文化接触和当时的翻译方法，日本对在华西方传教士著、译的传入，以及江户时期的翻译文化。

另外值得一提的是实藤惠秀博士的《中国人日本留学史》（已有谭汝谦、林启彦的中译本，生活・读书・新知　三联书店 1983）。书中第 5 章对中国留日学生的翻译活动做了详细的叙述。留日学生和学者通过日文翻译了一大批西方学术著作，同时给汉语带进日语中的大量新译词，对中国近代思想和汉语的词汇、文体都具有深远的影响。

日本论其译史的著作不多，笔者目前仅见吉武好孝著《明治·大正の翻訳史》（研究社 1959）。书中论及明治前后翻译文学的情况，包括启蒙思想家和文学家涉及翻译和译词的活动。作者把翻译分为三种，一是一般意义的翻译，即将原文忠实译成本国文字；二是译编性质的，即忠实翻译重要部分，略去或缩译其余部分；三是"翻版"性质的，即移植原作的思想另加安排，多用于影、剧脚本。这三种形式在中国近代翻译史上也存在。关于译史，还可参阅富田仁编《比较文学研究文献要览（1945—1980）》（1984），其中有《翻译史》《明治初期翻訳文学の研究》和《明治翻译史の一断面》等文可检索。

3. 若干汉字译名的衍生

日文接受西方文化时产生的译名也可分为两大类。一是与外文所指内容相同相近的词，即有现成的对应译名。另一类是日本文化中不存在的、经西方文化移入后产生的译名，除去后来用片假名音译的词之外，这类译名又可以分成三种：

1）西方文化先由传教士引入中国，日本借用中国创立的译名（英华字典中的以及西方传教士和中国知识分子合作的西学汉译本中的译名），如"银行""保险"等；

2）对含有近似概念的汉语词语加以改造，赋予新的语义，如"自由""演说"等；

3）日本人根据汉字完全新造的词语，如"哲学""神经"等。

对于日本翻译研究者来说，更引起关注的显然是后两种包含有日本近代早期学者的创造性劳动的译名，这些译名蕴意丰富，它们的衍生具有文化史意义，不作多方面考察，就不容易理解它们对后来社会思想发生的影响。兹举 10 例，逐个做些评述。

[近代] "近代"对译于 modern。据 *Oxford English Dictionary*，modern 源于拉丁词 modernus，主要有两义：一指近期；二指时代的划分，通常指文艺复兴

之后的时期，与中世纪相区别，时间划分在 14 世纪。"近代"在日文中也有上述两层含义。第一层指近期，与上同；第二层指明治维新之后（即与封建社会相区分）的历史时期，时间上比 modern 代表的时代晚 500 年。这一情况与中国的相同。

"近代"（以及"近世"）是古汉语中已有的词，意思是不久前的时代。如《三国志·吴·孙登传》中："（孙）权欲（孙）登读《汉书》，习知近代之事。"这个词在古汉语中自然没有上述第二层划分时代的语义，近代日本借用这个词，赋予modern 所含语义，改造成为新词。在明治时期还有一个与之同义的译名"近世"，而且在很长一段时间里主要以"近世"对译于 modern。这两个译名出现较晚。"近世"是 1904 年出现在《双解英和大字典》中，在书籍中最早见于 1903 年出版的《日本近世史》（内田银藏著），书中"近世"指江户时代，明治维新以后称"最近世"。"近代"译名最早的用例见于《和英掌中字典》（1873），但是很少有人用，到大正时代（1912—1926）以后才使用开来，但划分时代仍用"近世"。似乎直到 20 世纪中叶才开始用近代作为时代划分用语，如将历史分为原始、古代、中世、近代、现代五段，"近世"则成为中世到近代之间的过渡期。为何"近代"取代"近世"？这是译名在广泛使用中经过比较而取舍的结果，柳父章（1982：63）有一个解释，认为可能是第二次世界大战后人们对前一段历史反思，使用"近代"有一种积极的价值意义。另一方面，这也可能是与"时代、古代、现代"等词配合使用所致，孤立地看一个词的演进有时不易弄清，不妨将它置于词汇系统中有联系地观察。对于"近代"这个译名，一直有两种不同看法：一种认为其词义适当，一种认为其词义混乱。实际上，褒贬不一正反映了学者们对承载外来文化概念的译名的重视，不仅"近代"，"社会""自由""权利"等词的情况也是如此。

[自由] 在古汉语中，自由的词义可从字面反过来推知，即由自己、自己做主、随意。日本自古以来吸收中国文化，许多汉籍传入日本，因此这个词及其含义，也早已随之进入日语。但是代表西方思想的"自由"译名，只是与原有的"自由"同形，而含义不同，即这个译名是借用古汉语中具有相近意思的词造出来的。这样产生的译名，用日语说，可称为"变容"。中日近代启蒙学

者对这个译词的使用都十分慎重，这一点我们以前论述过，不赘言。关于这个译名的曲折衍生过程，近藤咲子（1981）的考证可能最为详备。她不仅收集了历代文献中"自由"的各种用法，而且列举出从 1796 年到 1895 年一百年间日本的 28 本字典（包括英华字典）中的 liberty/freedom 的所有译名。明治前期关于这个词的不同译名最多，反映了西方自由思想输入之初，人们对它的认识和立言立解的慎重。此期"自主"的译名不少于"自由"。到后期，特别是对日本近代思想界具有重要意义的《哲学字汇》（井上哲次郎 1881）出版后，"自由"译名才逐渐为更多的人所接受，成为定译。

[个人] 个人也是古汉语中的词，但意义与今截然不同，是指"本人"或"那个人"（如周邦彦《瑞龙吟》词："因念个人痴小，乍窥门户"）。表示与"集体"或"社会"相对的"个体"和"独立"意义上的"个人"，是翻译西方文化时的产物。早在 1822 年 R. Morrison 编的《英华字典》中，individual 的对译词是"单、独、单一个"。1847—1848 年 W. Medhurst 编的《英华字典》中出现"独一个人"的译名。幕末明初广为流传的 W. Lobscheid 的《英华字典》（1866—1869）中有"一个人"之译。individual 的词义对于当时的中国人和日本人都是不易理解的。上述译名都未传达原义，这与当时人们对 society（社会）的词义难于理解在性质上是一样的。"个人"与"社会"这两个译名的衍生有相关性。启蒙学者当然不满足于用"一个人"这样的词对译 individual，为此做了种种努力。如中村正直在译著《自由之理》（1872）中，使用"人民各个""人民一个""自己一个"等四字词语，以显庄重，而不用"一个人"这样的俗语去对应当时也不甚清楚的 society（译为政府、仲间会所、人间交际等）。1884 年，松岛刚译出斯宾塞的《社会平权论》，其中有句"国土非一个人所有，而为大会社即社会所持有"，这里的"一个人"是与"社会"相对出现的，已接近 individual 之义。经此后几年的使用，"一"字渐渐脱落，成为与"社会"一样的双音词。1891年的《法和辞林》修订版中，出现"个人主义"译名，此后，"个人"开始广为使用。不过，如同"社会"是旧字"社"与"会"合成，"个人"是由量词"个"与"人"合成，以它对译于 individual，总有"变容"的感觉，暗示了它后来的际遇。

［存在］存在对译于英语的 being、德语的 sein 和法语的 être，是将汉字"存"和"在"合成而创立的。早年的英华字典中没有出现这个译名（如 Lobscheid 的《英华字典》中只有"在、有在，自在之有"等译名），可以查考到的最早的用例是在 1871 年的《法和辞典》中，将 être 译为"存在、形体"，后出的《法和辞林》（1887）也使用了"存在"译名。可是在著名的《哲学字汇》（1881）中却没有使用"存在"，相应的译名是"实在、现体"，直到 1912 年版才开始使用"存在"，可以说，这个译名的广泛的、哲学意义上的使用和确立是在此之后。

"存在"作为学术用语，不像日常用语那么简单，需要用它表达丰富的哲学内涵。英语 being 有两用，一是作为系动词（copula），表示"是"，一是作为动词，表示"在、有"。用日语说，前者为"である"，后者为"……がある"。可是"存在"只有后一层意思，语义不足。"存"和"在"均是汉字，"存"有"历时"的含义，即人（主体）的行为处于时间中；"在"有"处所"的含义，即人（主体）的行为处于空间／社会中。"存在"表示一定时空中人（主体）的行为。但它又不是存和在的简单相加，如同"社会"不是"社"和"会"的简单相加。作为一个新的学术用语，它虽是从已有汉字中衍生，但具有新的更高级的蕴涵。

［自然］古汉语中有"自然"一词，如老子《道德经》中"人法地，地法天，天法道，道法自然"。佛教中也有自然这个用语。近代日本用这个旧词对译英文的 nature，于是，"自然"既代表 nature 的语义，又含原有词义，这是汉字译名常有的特殊效果。汉字"自然"的词义是自然而然、自生自在；nature 的译名"自然"是客观世界，与 art 相对；在哲学上 nature 属于客体，与人为的主体相对，而传统汉字"自然"似乎不含这种对立，是一种主客不分、天人合一的自在状态。因此，"自然"译名在明治早期出现时，人们对它的理解和认识不一，引起过争论，如严本善治同森鸥外关于"文学和自然"的争论。森鸥外所理解的"自然"是 nature，即译名"自然"，是客观存在，与人的精神相对。严本善治心目中的"自然"是传统词义上的自然，即自在的境地，无所谓客观世界与主观精神之别，因此他理解的文学与自然，就是主张文学要有

自然美，要返璞归真，与森鸥外的"自然美"和"艺术美"是不同概念。这场争论当然无所谓胜负。不仅如此，"自然"译名的词义上的混合，还影响了它与其他字组成的"自然淘汰""自然主义"等词的理解。如前一个词中的"自然"是自然而然之意，与客观无关，后一词对应的naturalism是受自然科学影响、写实性地进行创作的美学观，而在"自然主义"中，却有天然的、不加雕饰的意思。可见有些汉字译名对于外来思想的摄取，会带有某些"副作用"。

[权利] 古汉语中的这个词是"权势和货利"的意思，为士大夫所鄙。如《史记》中有"以权利合者，权利尽而交疏。"又如《汉书》中："贵仁义，贱权利，上笃厚，下佞巧"。对译于英文right的"权利"与古汉语中的"权利"词义完全不同，是新词，但起源于丁韪良的《万国公法》汉译本（1864），还是1868年西周留学回国译《万国公法》（与上书不是同一本）中创用尚不清楚。同年，加藤弘之著《立宪政体略》，书中有"生活权利""思想言论著述自在的权利"等，多处使用"权利"一词，也不知是自创还是受惠于汉籍。

要害在于"权利"与right的含义上。福泽谕吉深感这个词同"自由"一样难译。他曾考察汉语中怎样译right这个词（详见《西洋事情二编》，1870），说right原意是正直，中国人用"正"字对译；right还有一层意思，汉译用"达义、通义"，但不确切，未表达出适当的职责等意思。从当时的字典看，人们试用过"道、理、道理、公义、公道、义、权、筋"等词。后来人们接受了"权利"译名，但仍觉与right有偏差。简单地说，"权"字有"力量"的含义，而right不具"力量"含义。这一差异在思想史上是有意义的。

[真理] 这个词在佛教里本是用来指教义，即最纯真的道理，近代日语借用这个词对译truth，使"真理"这个译名增添新意，指事物的真实、本质，泛指正确道理。1870—1871年间，西周在《百学连环》中解释什么是科学（其时"科学"译名未定）时，他说学术就是西方所谓的science and art，目的是要探求真理。作为truth的译名的"真理"也许早在江户时期就使用了，如志筑忠雄（1760—1806）的《历象新书》中使用过"真理"一词，其义接近现代学术上的真理之义（参见铃木修次1981：76）。

由于"真理"源于宗教用语，严复曾避用日本的这个汉字译名，如在《天演论·导言三》中，他说"学问格致之事，最患者人习于耳目之肤近，而常忘事理之真实。"他有时还用"理道之真"等词语。事实上，后来的历史表明，"真理"译名似乎不能完全脱开原来宗教上的意义。

[宗教] 在佛教中，佛师所说为教，弟子所说为宗，宗是教的分派，合称宗教。但是现在泛称对上帝、神道等的信仰为"宗教"，是对译于 religion，并非古汉语中宗教之意。因此日本人认为"宗教"这个译名是他们造的，取自中国古籍，但脱胎换骨，赋予了西方的概念。"宗教"译名最早在 1869 年日本与德国修订通商条约时使用，不过不大为人所知。到 1881 年，《哲学字汇》正式将"宗教"定为 religion 的译名，其才得以广为使用。其间十多年，religion 的译名未定，学者们各自努力尝试，反映出定译之难。福泽谕吉在《西洋事情》初编(1866)中介绍宗教自由思想，可是未索得适宜译名，试译为"宗旨"。西周在《百学连环》（1871）中使用"教法"译名，而以"宗旨"作为教法中的分派。他后来（1874）还反过来使用"法教"一词，他的同仁津田真道也使用"法教"。中村正直在《自由之理》（1872）中用过"宗门"（说宗门自由）译名，不久（1874），他在《明六社杂志》中撰文又用"法教"。西村茂树在《自由自主解》一文中也使用"宗门"。西周还在给《明六社杂志》撰文中 6 次使用"教门"。只有森有礼毅然使用"宗教"译名，他在《明六社杂志》第 6 号（1874）上，就以"宗教"为题，论述宗教与政治的关系。不过明六社的同仁似乎并未视"宗教"为最佳译名，此后撰文仍使用"教法、法教、宗门、教门"等，直到 19 世纪 80 年代后。这是否反映出启蒙学者在力避使用带有旧义的汉语词汇？这些译名难分优劣，何以最终"宗教"成为定译，这恐怕要归因于《哲学字汇》的权威。

[哲学] 译名涉及对外来思想的准确理解和把握，自然为思想家所重视，所以许多紧要的译名都是出于学者之手。被誉为"日本近代哲学之父"的西周就为许多哲学术语的译名作出了贡献。从明治时代之初到明治二十年前后，philosophy 多译为理学、性学、理论等，西周在明治六年（1873）撰写《生性发蕴》，指出：

哲 学 一 词 在 英 语 是 philosophy， 在 法 语 是

philosophy。希腊语的 philo 是'爱者'之义，sophos 是'贤'之义，由此而生'爱贤者'之义，其学问称为 philosophy，即周茂叔所谓'士希贤'之义，按后世的习惯用法，就变成讲理的学问。如果把它译作'理学''理论'等，就是直译。因为会产生混淆，所以我把它译为'哲学'，以区别于东方所谓儒学。

"哲"，在古汉语中是明智的意思，它又具有构词能力，与其他字构成哲人、哲理等词，"哲学"一词正是这样构成的合适的译名，既别于旧有的学问，又易于为使用汉字的人们所接受。

[卫生] 《庄子》中已有"衞生"一词，意为养生，这个词及其养生之义在古代已传入日本，但是作为 hygiene 译名的卫生学意义上的"衞生"，是明治初期日本人的选择。此前曾试用"健全、养生、摄生"等词。卫生这个译名传入中国时，曾受到讥讽。可是早在 1887 年游历日本的傅云龙则不然，他在参观日本的卫生局和卫生试验所后，理解了何为"卫生"，欣然接受了这个新词，并作《卫生说》，为"卫生"一词的构成作注、喝彩，这也表明近代日本人立译名之当。兹节录一段：

> 卫与医，皆所以遂其生也，意将毋同，然而说异。医恒施于已疾，卫则在于未疾也。……案《说文解字》：衞，宿衞也，从韦、帀，从行。行，衞也，帀之言周。《史记》衞令曰周庐，以此。然则卫生云者，有护中意，有捍外意；不使利生之理有时而出，不使害生之物乘间而入。秽者，洁之仇也，去秽即以卫洁。赝者，真之贼也，辨赝即以卫真。过而不及者，中之弊也，退过进不及，即以卫中。洁也，真也，中也，皆所以生也，独医云乎哉！或

谓何不曰养？曰：养，难言也。以心以气曰养，有
自然之道；以力以物曰卫，有勉然之功。今日之勉
然，未始非自然基；然以学言，则不必高言养也。
目以"卫生"，谁曰不宜？

——傅云龙《游历日本图经馀纪》

4．结语

前面简述了10个汉字译名的衍生过程。概括地说，近代汉字译名的特点是：

（1）汉字译名往往不是一朝一夕之间创立的，有一个试用、比较和逐渐接受的过程；

（2）无论是以汉字合成的新词，还是借用古籍中汉字词语加以改造，赋予新义，新生的译名仍多少带着汉字、汉语词汇原有的语义，这是近代中日接受西方文化时发生"变容"的原因之一。

近代日本接受西方文化时创立的汉字译名，大部分已陆续进入现代汉语，成为中日两国共享的语言财富。日本对汉字译名的研究已是硕果累累，我们所做的研究还不够。可以开展的课题很多，比如，我们可以对汉字译名先进行分析和分类：1）今义与古义相异者，如民主（原为民之主宰）、权利（原是权势和货利）、神经（古语中指神秘的经书）、文化（原指文治教化）等；2）今义与古义相近者，如近代、近世、真理、存在、革命等；3）古义与今义不同，但已向今义靠近，如文明，原指文采光明，后已渐含文化之意，与野蛮相对（如清代李渔文中："……求辟草昧而致文明，不可得矣"）。再如知识，原指相知相识者，后渐指对事物的认识（如"善知识"指了悟一切知识的高人），等等。在此基础上，我们可分别分析它们在文化语言学上的意义。

又如，汉字译名中哪些确是日本创立的，哪些是日本人取自早年西方人编纂的《英华字典》和西书汉译本，传回中国后被误认为是外来的，前人有过研究，但远远不够。[4]

4　本文参考文献见本书第127页"明治时代翻译研究参考书目"。

十二　日本明治时代翻译史概论

——日本翻译研究述评之三[1]

本章概述日本明治时代重要的翻译活动和翻译特点，将分别介绍和评述欧美主要作家及作品何时译介到日本，并对这一时期一些重要翻译家（如二叶亭四迷、森鸥外、福泽谕吉）的翻译活动和翻译观等进行介绍。章末列举了这方面研究的重要参考书目。

1．明治时代——翻译的时代

明治维新以前，日本主要是吸收华夏文化。因中日两国共用汉字，日本人几乎不需翻译，以训点的方式就把无数的中国典籍取了回去。日本对西方的翻译始于兰学，那时主要通过荷兰文翻译医药学、机械、枪炮等与民生有直接关系的书籍。最早的文学翻译要数安政四年（1857）横山由清译笛福的《鲁敏逊漂流纪略》。其后有《伊索寓言》和《圣经故事》的译介。这些翻译都是属于译述性质的，以传达主要内容为目的，日本人有时称之为"抄译"。

1868 年开始的明治维新，标志着日本从封闭的落后的社会走向现代化的开始。在这个现代化的进程中，借翻译引进外族文化尤其是西方文化以变革民心是其显著特点。所译书籍，内容无所不包，难以数计，对日本现代化，对日

1　原作发表于《外语教学与研究》1993 年第 2 期。

本社会各个方面产生了深远的影响，明治时代堪称"翻译的时代"。

明治四十五年间到底译了多少书，这个数字目前还很难统计出来。以文学书籍来说，约3 000种（据《明治·大正·昭和翻译文学目录》，为2 904种，包括重译，其中还有不少是短篇、诗歌）。日本人所谓的文学书籍，通常不只是小说、诗歌、戏剧等，也包括涉及文明开化的人文著作，如卢梭的《民约论》，又如《西国立志编》《政治略论》《西洋小史》和《圣经》等，都是广义上的文学。明治头五年，文学翻译不多，仅11种。此后10年，每年平均只有10余种。明治十五年后，每年译出几十种，到明治末五六年，每年翻译的文学书籍多至150—200种。

其他方面翻译的书籍也不少。以经济书籍为例（据《明治文化全集·第12卷经济篇》），明治的前30年译出的各类经济著作有197种，与此期间日本人经西学自己撰述的著作数量大体相当。

除了翻译数量巨大之外，明治时代的翻译，本身在质上也有一个很大的变化。明治中期以前的翻译，受明治前译述的影响，大多是自由度很大的意译。译者署名之后，常带有"译述""纂译""抄译"或"讲述"（按外国人讲稿口译而成）等。日本人有"翻案"一词，是指不同于一般翻译的、近似"改写本"的译介，其译述的成分就更大了，尤其是在早期"翻译"的文学作品中。当然，还有一些具备汉学底子的学者用汉语直译的方式译述通俗、惊险小说。明治中期以后，一般公认是自二叶亭四迷之后，翻译渐渐比较倾向尊重原作，特别是尊重原作的内容与风格。不过科技等方面的学术著作的翻译一直比文学作品的翻译意译程度低。

2．关于明治时代翻译的作品

明治时代从事翻译引进工作的不仅是启蒙学者，还有许多一般的读书人；不仅有出过国、留过学的"洋"知识分子，也有在国内学了一些外语，凭借字典操译的译者，因此，翻译的书籍五花八门，水平也参差不齐。不过，从这个时期文学翻译的书目中，我们至少可以了解到明治时代翻译了哪些作者的哪些作品，最早大约在何时介绍进入日本。

以政教一类的书为例。幕末明初最具影响力的《西洋事情》初编及其《外编》《二编》出版于 1866—1870 年间，是作者福泽谕吉据自己 1860 年和 1862 年两度出游美、欧的经历写成，包括译介。中村正直（敬宇）于 1871 年翻译出版的《西国立志编》（英国斯迈尔斯 S. Smiles 著）和《自由之理》（英国约翰·穆勒著）可能是明治时代较早的人文译著（经济等社会科学译著不在内）。中村正直这两本译作及福泽谕吉的《西洋事情》的发行数量都在几十万册以上，是明治初期于民心发生很大作用的几本书。马尔萨斯的《人口论》很早就译介到日本，是大岛贞益 1876 年译出的。约翰·穆勒的著作，除了上述《自由之理》外，《利学》也早在 1877 年即由著名哲学家西周译成日文。卢梭的《民约论》有多种日译本，最早的一种是服部德 1877 年底译出的《芦骚氏民约论》。此书的翻译，促进了"天赋人权"民主平等思想的普及。此后 6 年，又有中江笃介（兆民）翻译了卢梭的另外两部著作，一本译为《非开化论》，一本译为《芦骚氏忏悔记事》。

明治头十年还翻译或重译出版了一些宗教书籍，主要是《圣经》。1871 年出版《麻太福音书》，1872 年又有《马可福音书》和《约翰福音书》。到 1873 年，译出了马太、约翰、路加三人的传记。1874 年田岛象二译《新约全书评驳》，是最早的评《圣经》的书。1872 年在横滨市成立了由传教士为主体的"圣书翻译委员社"，专门进行《圣经》的翻译。

文学作品的翻译最为丰富。译作除了以单行本问世外，相当多一部分是在各种报刊上发表、连载。明治头几年的文学翻译作品很少，主要还是明治维新前已有的译本的重译、重印，如 1872 年斋藤了庵译的《鲁敏孙全传》（2 册）（此书以后仍多次再版或再译，如 1879 年译为《"九死一生"·鲁敏孙漂流记》）；又如伊索寓言，1873 年渡道温译《"通俗"伊苏普物语》（6 册），同年福泽英之助译为《训蒙话草》（注明为伊索抄译），此后几年间又出了若干种译本。《一千零一夜》的日文全译本很晚才出现，但 1875 年永峰秀树译出其中一部分，名为《"开卷惊奇"·暴夜物语》（2 册）。班扬的《天路历程》最早是 1876 年村上俊吉译出；同《鲁敏孙漂流记》等书一样，这本书书名的翻译，很可能是照搬中国早期的汉译本。

其他著名欧美作家被翻译介绍到日本的先后有：

1880 年 3 月，斯威夫特的《格列佛游记》译出；

同年 4 月，坪内雄藏（逍遥）翻译了司各脱的《春风情话》（*The Bride of Lammermoor*）；

狄更斯的小说到 1882 年才由加藤鹤大郎译出，译为《西洋夫妇事情》；

1882 年，末松谦澄把雪莱作品译成日文，所译第一首诗为"云雀"；

1883 年 6 月，高须治助以《"露国奇闻"·花心蝶思录》书名将普希金的《上尉的女儿》介绍给日本；

歌德和雨果的作品 1884 年才见到日文译本，托尔斯泰和莫里哀 1886 年才被介绍进日本，一部《战争与和平》，被译成《"泣花怨柳"·北欧血战余尘》。

英国伟大作家莎士比亚的剧作有多部在明治时代译入日本。最初提到莎士比亚和他的《哈姆莱特》的是明治四年（1871）中村正直的《西国立志编》，他将莎翁译为"舌克斯毕"（以后又有人译为"西基斯比亚""沙土比阿""沙士比亚"等）。1875 年仮名垣鲁文在《平假名绘入新闻》上，以《西洋歌舞伎叶武列土》（在日语里，叶武列土四字的发音近似 Hamlet）为名，连载哈姆雷特的故事。从书名也可以知道这是一个"翻案"（改写本），或者说是个故事梗概。1879 年就有书名为《Hamlet 梗概》的译本。第二个译成日文的剧本是《威尼斯商人》。1877 年，《民间杂志》98—99 号刊发了这出剧的故事，题为"胸肉の奇讼"。后来该剧还有"人肉质入裁判"这类奇异的书名，借以吸引读者。据说在第二次世界大战前莎剧中上演最多的就是此剧。在这之后译入日本的莎剧有 1879 年译的《李尔王》，1882 年译的《亨利四世》，1884 年坪内雄藏译的《恺撒大帝》（自由意译为《自由太刀余波锐锋》），1886 年译出的《罗马盛衰鉴》等。

明治初期莎士比亚的剧本译入日本时，日本还没有现代话剧的形式，因此莎翁作品进入日本后，带上了日本近代以前的艺术形式，如净琉璃、歌舞伎、新派等各种特点。明治十七年坪内逍遥将《恺撒大帝》译成《自由太刀余波锐锋》，就是按净琉璃形式翻译的。他在译本的"附言"中写道："此剧本与全文体裁大异，这完全是为了国人读起来方便。因此，与原文相比，不适之处多有，敬请原谅"云云。文学翻译中尚有不少"翻案"式的译本，舞台上就更多"翻案"一类的戏剧了。

从前述一些译作的书名（以及《欧洲奇事·花柳春话》《人间万事金世中》《三笑人》《春江奇缘》《哲烈祸福谭》等书名）也可以看到，明治的翻译（特别是文学翻译）是"拿来主义"的，类似"梁启超式输入"的，不是现代翻译所强调的忠实的、信达雅的翻译。不少西方古典文学纯文学作品，经日译后，成了"通俗文学"般的东西。这一翻译现象与当时日本社会的需要是相对应的，它首先要的不是精确的译文，而是急切地需要了解原书原故事中反映的西洋社会、思想、观念、风气等。

与明治时代翻译西书达到高潮的盛况正相反，日本在明治四十几年间翻译中国书籍却落到了最低点。据谭汝谦《中日之间译书事业的过去、现在与未来》统计，从明治初年到明治末年45年中，所译哲学类汉文书仅3本，中国史书7本，均少于明治维新以前200年间所译。自然科学、工程技术和艺术等方面几乎没译中国书。明治以前日本译了88部中国文学作品（多为小说），明治时代竟只译了8本。

明治时代日本追求先进的西方世界，西方文明无不引入。中国被认为是落后的国家，尤其在1894年甲午战争之后，日本更加轻视中国，认为汉学尤用，甚至是近代化的障碍，自然很少有人读中国书，译中国书。明治四十几年间所译汉语书籍总共仅36种，比此前200年间所译的109种和此后60多年间译出3 190种都少了许多。翻译与文化的关系，或者说，翻译活动中反映出来的文化现象，由此可见一斑。

3．明治时代的译者及其翻译观

明治初期，翻译西书的人比较零散，你译一二本，我译一二本。初期较有代表性的译者可以说是井上勤（1850—1928）。他的翻译活动始于1880年，至1893年十几年中译了37种书（包括重版）。井上勤七岁即跟荷兰人学英语，曾在大藏省（财政部）和文部省（教育部）当过多年翻译。他翻译西书的范围很广，有政教方面的，如1882年译《良政府谈》（译自托马斯·莫尔的《乌托邦》）；有科学幻想故事，如《海底纪行》《月世界旅行》；还译了不少文学书，如《鲁敏孙漂流记》、莎士比亚的《人肉质入裁判》（即《威尼斯商人》）、雨果的《政界之暴风》（即《九三年》），还是歌德作品最早的日本译者。

黑岩泪香（1862—1920）是明治中期一个高产译者。他从1882年开始译书，1888年至1905年是他译作最丰的年代。20多年间，他以真名和各种笔名，翻译了133种西书。

黑岩泪香出身平民家庭，1878年进大阪英语学校，第二年到东京，几乎是靠自学成为报人，1892年自己创办了《万朝报》，他的译作相当大一部分发表在该报上。以复仇、探险为特点的侦探小说是他最喜欢译的书，也是明治时代翻译小说中最受人欢迎的。他的翻译完全是译述型的（比中国最早的小说译家林纾意译度更大）。他读了许多英文侦探小说后，有趣的故事情节尚在脑中，便坐在《万朝报》的编辑室里，不看原书，信笔译去，创所谓通俗易读的"泪香风格"。而且在翻译时，他全身心地投入，与作品中人物共悲喜，这也使他的译作有动人之处。他还有一个特点，是借翻译小说，从事社会教育，提高民众的趣味，这与他曾经有志于政治，有经世济民思想有关。

有人认为，明治时代真正的翻译始于二叶亭四迷（1864—1909）。二叶亭四迷在翻译上主张移植（即再现）原作风格情调，不拘原文语言形式，因为他认为在欧洲语言中有特别的节奏的词语句逗，若照搬进日译文，效果会适得其反。他更看重风格，追求清新的文体；原文若是明快、活泼的口语，他就用日文中类似的口语译之，力图使译文读者获得近似于原文读者看原文时的感受（二叶亭四迷：《我的翻译标准》，参看吉武好孝1959：115）。

二叶亭四迷年轻时在东京外国语学校学俄语，从1888年译屠格涅夫的《约会》（即《猎人笔记》一部分）开始，共翻译了屠格涅夫、果戈理、托尔斯泰、高尔基等著名俄罗斯作家的35种作品，是为日本输入俄国文学的第一人。

森鸥外（1862—1922）是明治中、后期最重要的翻译家。他的翻译主张和风格不同于二叶亭四迷。森鸥外19世纪70年代末留学德国4年，后来介绍了大量欧洲文学作品。他从 1889 年开始译书，译有小说、诗歌 105 种。他的译诗对日本现代诗歌发展起了很大作用。森鸥外颇有文学气质，不受原文形式的拘束。二叶亭四迷主张尊重原文字句，在此基础上力求传达原作艺术风格与情调，森鸥外则注重后者，即原作整体的风格姿致，并强调译作要通俗易懂。他的译作中，有时会大段删去原文，有时又会加进自己的话使读者易懂。他认为这样做是合适的，认为翻译不仅仅是把所有的词按顺序搬过来即可（参看吉武好孝 1959：155-159）。

除了上述翻译家之外，思想家福泽谕吉也是明治时代翻译史上的重要人物。他意译了《童蒙训草》《洋兵明鉴》《帐合之法》《清英交际始末》《掌中万国一览》等书，在所著《西洋事情》《劝学篇》中译述了欧美人的修身论说，对翻译的方法、目的也有不少论述，代表了当时一般启蒙学者的认识。

福泽谕吉小时候先学荷兰文，阅读和翻译荷兰文原著没什么问题。后来凭借一本荷英字典，他苦学了两三年英文，一靠文法基础，二靠查阅字典来阅读和翻译英文书籍（参看《福泽谕吉全集》绪言）。他在翻译中勤查多想，创译了"蒸汽""版权"等词，但他承认也创立了一些不好的译词，如把 post office（邮局）译成"飞脚场"，把 postage（邮费）译成"飞脚印"，而未想到用"邮"字。他"把 book keeping 译为'帐合'，而没有用'簿记'一词，由于过于通俗，所以今天社会上没有使用。"（同上）

前人对福泽谕吉的译风影响很大。他的一位兰学老师杉田成卿，"是一位极有教养的学者。他在翻译西方著作时，用意周到，一字不苟，根据原文如实翻译。由于有此文风，致使文章字句极为高雅。""先生恳切周详的教导犹如父亲训子，我一直铭记在心，不曾忘怀。每当执笔的时候，笔下一旦出现难解的词句，立即想起先生的教诲，不惜加以修改。"（同上）另一位兰学老师绪方洪庵则给了福泽谕吉不同的影响。绪方洪庵不拘泥于原文词句，在翻译阶段不重视原著，认为翻译中不能塞入难懂的字句，使读者难以理解。福泽谕吉亲眼见过绪方洪庵先生不看原著修改译稿。福泽谕吉得到绪方洪庵的教育是写文章要通俗明白。他说："我的著译所以始终保持平易二字，诚为先生所赐。……

以后从事各种译著……力求避免费解之词"（同上）。这是因为他把翻译视为使广大民众普遍获得文明的新思想，努力传播新知识。这种思想代表了明治时代许多译者特别是从事翻译的启蒙学者的译书动机。

福泽的两位老师对待翻译的态度，即，一是用意周到，一字不苟，如实翻译，一是不拘原文，但求通俗易解，正是明治时代翻译的两个特点：一些译者（多为学术翻译）在翻译过程中，为一译名、概念苦苦思索，求准确、恰当；另一些译者（多为文学翻译），不在乎忠实原作语言形式与否，只取其意，注重通俗易懂，百姓乐于接受。结果，一方面是比较准确地吸取了西方新思想，创立了新名词，不仅深深影响日本社会，也影响到使用汉字的中国社会；一方面是广泛、芜杂地翻译了各类书刊，为全面了解和认识西方，变革民心，起到了潜化作用。

明治时代翻译研究参考书目

[著作]

- 谭汝谦. 中国译日本书综合目录 [M]. 香港：中文大学出版社，1981a.

- 谭汝谦. 日本译中国书综合目录 [M]. 香港：中文大学出版社，1981b.

- 太田三郎. 翻訳の文学 [M]. 東京：岩波書店，1959.

- 吉武好孝. 明治大正の翻訳史 [M]. 東京：研究社，1959.

- 柳田泉. 明治初期翻訳文学の研究 [M]. 東京：春秋社，1961.

- 福田陆太郎. 翻訳の歴史 [M]. 東京：开拓社，1966.

- 吉武好孝. 翻訳と翻案 [M]. 東京：東京研究社，1968.

- 庄田荣太郎. 近代訳語考 [M]. 東京：東京堂，1969.

- 福田陆太郎. 英米文学作品の翻訳 [M]. 東京：研究社，1969.

- 太田三郎. 翻訳文学 [M]. 東京：三省堂，1969.

[论文]

- 森岡健二. 訳語の変遷——訳語構成を中心として [J]. 東京女子大学附属比較文化研究所紀要，1955（1）.

- 柳田泉. 言语表現と明治の翻訳文学 [J]. 言语生活，1957，67.

- 岡本昌夫. 明治翻訳史の一断面——大和田建樹を中心として [J]. 比较文学，1961（4）.

- 富田仁. 明治中期の翻訳及び翻案論——雑誌を中心に [J]. 比较文学年誌，1965（1）.

- 吉武好孝. 明治の翻訳文学 [J]. 英语教育，1967（1）.

- 小玉晃一. 西洋文学翻訳の歴史 [J]. 国文学，1967（3）.

- 福田陆太郎. 大正の翻訳文学 [J]. 英语教育，1967（2）.

- 别宫贞德等. 翻訳と文化（座談会）[J]. 世纪，1968，214.

- 吉武好孝. 日本文学英訳の踪——明治时代 [J]. 武藏野英米文学，1970（3）.

- 吉武好孝. 明治时代と翻訳・翻案——近代化の歩み [J]. 明治村通信，1971，17.

- 吉武好孝. 翻訳史研究の覚え書 [J]. 武藏野女子大学纪要，1972（7）.

- 吉武好孝. 翻案の明治 [J]. 明治村通信，1973，34.

- 吉武好孝. 明治初期の翻訳 [J]. 季刊翻訳，1973.

- 野田宇太郎. 明治の翻訳創造語 [J]. 明治村通信，1973，35.
- 鹿倉鉄次. 翻訳文学の受容について [J]. 国語教育と研究，1973，13.
- 須賀川誠三. 翻訳借入の史的考察——その造型と意味 [J]. 独協大学英語研究，1977（12）.
- 岡崎寿一郎. 外国文学の受容と翻訳 [J]. 駒沢大学外国語部論集，1980（11）.
- 池田摩耶子. 翻訳と文化の伝達 [J]. 文学，1980（11）.

十三 从莎译看日本明治时代翻译文学[1]

日本是个岛国，但并不孤立，她自古以来就在同外域文化的接触中丰富和发展自己的文化。由翻译而"拿来"外域文化就是她的一个传统。古代通过借用汉字翻译甚至直接引入中国文化而受益极深，近代更是以翻译为桥梁，迅速与先进国家沟通，跨出落后的境地。近代之初的明治时代，就是以启蒙为特征、以翻译为先导的一个文化繁荣时期。

明治翻译文学洋洋大观，好似万国文学博览会，很难一览无遗，我们可以先看一个展台。明治翻译文学中，英国文学分量最大，其中无疑又以杰出代表莎士比亚最为突出，由莎译之管，庶几略窥明治翻译文学之全貌。

1. 莎译概况

明治时代凡 45 年（1868—1912），其间究竟翻译了多少外国书籍，确实不易统计。书籍王国日本，迄今仍没有一部详尽的翻译史。但分科考察还能大致做到心中有数，关于文学，国立国会图书馆编的《明治、大正、昭和翻译文学目录》（1959）目前还算是最完备的一种。这部目录收集报刊登载的和单行

1　此为"亚洲翻译传统"国际研讨会（1998-04）论文；后发表于孔慧怡、杨承淑编《亚洲翻译传统与现代动向》，北京大学出版社，2000。

出版的翻译文学作品在 35 000 种以上，其中明治时代计 2 904 种（均包括重译）。近年日本学界在进行更浩大的翻译史工程：编辑《明治翻译文学全集》。全集编辑工程分两项，一是"报刊类"，即收录在各种报纸、杂志上的译作；一是"书籍类"，收集单行出版的译作。后一项在制作缩微胶卷；前一项预计出 50 卷（外加 2 卷"年表"和"索引"等），自 1996 年出版以来，目前见到 18 卷。莎士比亚部分有 4 卷。

日本虽然在江户时代（即德川幕府时代，1603—1868）已开始接触西学（兰学），但兴趣基本上是在西方的自然科学方面，偶尔有英国作家斯威夫特的《格列佛游记》被改编为《大人国》《小人国》的故事，但是文学方面的引进主要还是来自中国，到明治前十来年才出现像《圣经故事》一类的文学译述。莎士比亚的名字介绍到日本，最早见于 1841 年的《英文鉴》（英文文法）译作中。明治四年（1871），启蒙学者中村敬宇在译著《西国立志编》中，三处介绍或引用了莎士比亚和莎剧，如第 10 编里引用了《汉姆雷特》第一幕第三场里的句子，可算是莎剧最早的译例。1875 年，仮名垣鲁文以"翻案"（改写）的形式，在《平假名绘人新闻》上连载《西洋歌舞伎叶武列土》（日语中，叶武列土音近 Hamlet），虽然只发表了三期，但开了翻译莎剧之先河。随后依次有《威尼斯商人》（1877）、《李尔王》《罗蜜欧与朱丽叶》（1879）、《亨利四世》（1882）、《恺撒大帝》（1883）等莎剧的故事梗概翻译问世。根据最新查考的资料，自明治八年出现莎译至明治末年，38 年中莎翁作品（包括诗）的日语译文译本（含重译）共有 158 种之多，涉及近 30 种悲、喜剧。莎翁的历史剧似不大为明治日本文人看重，6 部历史剧中只有《亨利四世》和《亨利八世》得到零星片断的译介。

明治初期面向世界时，日本人对西方大多不甚了解，对西方文学是始而观望、惊羡，继而译介、模仿。明治前十一、十二年译介作品寥寥无几，莎译也仅有《汉姆雷特》和《威尼斯商人》两种。明治十二、十三年后，翻译文学成热门，译品每年收十种以至一二百种。译莎亦蔚然成风，译者多达数十人。可以说，莎译从数量上也反映了明治时代翻译文学的热闹场面。

但热闹还不是真正的繁荣。前期的莎译，如同大多数翻译文学，只是片断或梗概式的译介，直到明治十七年（1884）才有完整的莎剧译本发表，即河岛敬藏译的《恺撒大帝》。这也同当时的社会开放程度有关。如仮名垣鲁文在明治八年译的《汉姆雷特》就只连载了三期。他后来解释说，是因为当时的读者们还未能领略西洋小说的奥妙，于是才断然停止连载的[2]。明治后期翻译文学渐有进步，但编译的成分仍相当大。所以有日本学者将日本的莎译分为7个阶段，其第一阶段（至1905年）称为"编译"（或曰改编）阶段[3]，整个明治时期，尽管有158种莎译，却没有出现莎士比亚全集。明治三十八年至四十二年间，户泽姑射等曾试图这样做，但由大日本图书株式会社出版的《莎翁全集》只译出十册。译莎成就最大的坪内逍遥也只是零散地出了些译品，他完成日本第一套日译莎士比亚全集已是大正时代（1912—1926）的事情。

因此，编译可以说是明治时代莎译以至莎译所代表的翻译文学的明显特点。名曰翻译，实为改编；表现是：其一，多为片断，或梗概，而完整的翻译晚出；其二，相当多的莎剧译名变得花哨、离奇，如《欧洲奇闻花月情话》或《春情浮世之梦》（《罗蜜欧与朱丽叶》）、《花间一梦》（《辛白林》）、《荣枯的梦》（《麦克白》）、《三人姬》（《李尔王》）、《镜花水月》（《错误的喜剧》）、《花的深山木》（《奥瑟罗》）、《悲剧魂迷月中刃》（《汉姆雷特》）、《胸肉奇讼》（《威尼斯商人》）等；其三，不拘莎剧形式，而以日本民族艺术形式编译，即译成净琉璃、歌舞伎形式，明治十七年坪内逍遥译的《自由太刀余波锐锋》（《恺撒大帝》）、明治十九年仮名垣鲁文译的《叶武列土倭锦绘》（《汉姆雷特》），都是移植、改编性的译介。这些特点并不是莎译独有的，可以说是当时的译风[4]。

2　参看河竹登志夫、福田光治等，《欧米作家日本近代文学》第1卷52页。东京：教育出版センター，1974。

3　Murakami, Takeshi, Yoshiko Ueno ed., Shakespeare and Hamlet in Japan: A Chronological Overview, In *Hamlet and Japan*. New York: AMS Press, 1995: 240.

4　参看川户道昭等，《明治翻译文学全集》（新闻杂志编）319-326页。东京：大空社，1996。又见王克非，《翻译文化史论》320-323页。上海：上海外语教育出版社，1997。

2. 莎译之盛——《汉姆雷特》

明治莎译还有一个特点，就是对莎剧并非一视同仁。前面说过，历史剧颇受冷落，明治时代仅有外山正一一人从《亨利四世》和《亨利八世》中摘译了很少一点（1882），收录在他与矢田部良吉编的《新体诗抄》中。相反，大多数悲、喜剧被一再地重译，尤其是《汉姆雷特》，30 多年间，竟有多达 30 人的译者群，几乎是译莎者无人不译《汉姆雷特》，这大概是世界译莎之最；明治 158 种莎译中，有 36 种是《汉姆雷特》译本，充分反映出文人和读者们的翻译文学情趣。《汉姆雷特》译本不仅最多，也最早，饶具翻译文化史价值，我们不妨再细加考察。

说到《汉姆雷特》，恐无人不知其名句 "To be, or not to be, that is the question"。明治的文人们不仅从 30 多个莎剧中首先看中了《汉姆雷特》，还首先看中了这一句。比仮名垣鲁文还早一年多的一个外国人，用罗马字形式第一个日译了《汉姆雷特》的这段独白（如首句译文大意为：存在，不存在，那是什么呢），还配有完全日本武士化的汉姆雷特在沉思的一幅画。

明治十五年（1882），矢田部良吉和外山正一两位喜作新诗的有名的学者，不约而同地选译了汉姆雷特这段独白，并都连同他们的其他新诗一起送给井上哲次郎看。3 人于是兴致勃勃地编出《新体诗抄》[5]。下面我们就将汉姆雷特这段独白及当时的几种译文列出，以资比较。

原文：

> To be, or not to be, that is the question :
> Whether 'tis nobler in the mind to suffer
> The slings and arrows of outrageous fortune,
> Or to take arms against a sea of troubles
> And by opposing end them.

5　矢田部良吉等，《新体诗抄》。东京：日本近代文学馆，1882/1984。

...

矢田部良吉译：

　　　　　　ながらふべきか但し又

　　　　　　ながらふべきに非るか

　　　　　　愛が思案のしどころぞ

　　　　　　運命いかにつたらきぞ

　　　　　　これに堪ふるが大丈夫か

　　　　　　又さはあらで海よりも深き遺恨に手向ふて

　　　　　　之を晴らすがもののふか

　　　　　　どうも心に落ちかぬる

外山正一译：

　　　　　　死ぬるが増しか生くるが増しか

　　　　　　思案をするはここぞかし

　　　　　　つたなき運の情なく

　　　　　　うきめからきめ重なるも

　　　　　　堪へ忍ぶが男兒ぞよ

　　　　　　又もおもへばさはあらで

　　　　　　一そのことに二つなき

　　　　　　露の玉の緒うちきりて

坪内逍遥译：

　　　　　　生か、死か、是れが當面の疑問ちやわい―

　　　　　　逆運が投ず矢石を、能く堪へ忍ぶを道となすとも、

十三　从莎译看日本明治时代翻译文学

将た艱難の狂浪を逆へつて只一挙に、
禍根を除くを道となすとも。

参考译文：

このままだいいのか、いけないのか、問題はそれだ。
どちらが立派な生きかたか、このまま心のうちに
暴虐な運命の矢弾をじっと堪えしのぶことか、
それとも寄せくる怒涛の苦難に敢然と立ちむかい、
闘つてそれに終止符をうつことか。

　　这个汉姆雷特的选择难题，无疑深深吸引了明治时代的读者。既迫切地需要选择，又很难甚至无可选择；选择前者（to be，生），意味着忍耐而苟活，选择后者（not to be，死），则需要勇气去抗争、去拼死。正是这涉及人生观、生死观、命运等的主题，扣住了人们的心弦。从译文看，明治译者们还是表现出了原文中的那种迟疑、那种瞻前顾后的心态，不过有些词语同原文稍有距离（如外山正一译文的后几句）或稍为费解一点，不像后出的译文更接近原文。从文体上看，这些译文既不是陈旧的汉文体，也不是紧追原文的直译体，是比较灵活的和汉混合体，这在明治前期的译文中不多见。

　　对这段重要的独白，译者们是精心移译的，但明治时代《汉姆雷特》的翻译，总的说，还是穿着日本衣装的编译。梗概、节选不用说了，到明治十九年（1886），仮名垣鲁文在《东京绘入新闻》上连载的《叶武列土倭锦绘》，算是比较完整的《汉姆雷特》译本了，也仍以日本传统戏剧形式出现。这是仮名垣鲁文依据自己11年前的同名译本修改、补充后发表的。11年前，他就在译本上写着，这是英国"狂言"作者莎士比亚之名作等字句，"狂言"在日语中的意思是歌舞伎剧，如此，似乎英国也有"狂言"了，由于当时这种译法没人欣赏，11年后，他仿效坪内逍遥，将原译改成净琉璃形式，但仍是试以西洋文学之脚，套日本文学之木屐，所以有日本学者说明治前期的翻译文学，或是日本式的中国菜，

或是日本式的法国菜。《汉姆雷特》原剧五幕二十场，仮名垣鲁文的《叶武列土倭锦绘》按五幕区分了，但没有分场次，这样一来，原作的结构、剧情发展、舞台安排等都不清楚了，仮名垣鲁文译本所配插图更是完全日本化了的。

到明治四十年（1907），坪内逍遥在《早稻田文学》上发表他为演出而编译的《汉姆雷特》，日本式的移译有了变化。坪内逍遥起初为演出简短设计，对原作作了很多删减和改动，包括那段著名的独白也未译。但不久，他又将原来删去的部分补译回来，而且，对原来省略的第三幕第一场补译得几乎字比句从，连某人上场、某人下场的舞台提示都不落下，甚至还有所添加。如汉姆雷特上场作那段独白之前，原文只有"国王和波罗尼斯退下，汉姆雷特上场"几个字，坪内逍遥却十分看重这段独白前的汉姆雷特的表演，因此补加："汉姆雷特双手合在胸前，陷入沉思般地从舞台左边入口处走进来，下意识地坐到入口处的椅子上，始以低沉、缓慢的语调道白。"坪内逍遥的译本基本上有了幕次和场次，有舞台提示等，开始走向全盘吸收西方戏剧，而不再是按当时日本人喜闻乐见的民族形式改译了。

3．结语

上面我们通过莎译略窥日本明治时期的翻译文学。再对照于中国近代莎译，我们还可以看到日本明治莎译有这么几个特点：

第一，日本提及莎士比亚此人比中国早15年，反映出他们对外界的关心。中国是在1856年由外国传教士将莎士比亚名字介绍进来的，在上海墨海书院刻印的英国传教士慕维廉翻译的《大英国志》中提及了莎翁和当时的英国文化盛况，比日本虽晚，但介绍较详。

第二，两国启蒙学者均早于文学翻译家介绍莎士比亚：日本有中村正直在其译著《西国立志编》中的介绍，中国有严复在其译著《天演论》和《群学肄言》中的介绍。这表明文学的译介有思想家助其选择。

第三，中国和日本都是先以故事梗概的编译形式译介莎士比亚，而后十几年才产生完整的译本。中国最早的莎译是1903年上海达文社出版的《海外奇谭》和 1904 年商务印书馆出版的林纾、魏易合译的《英国诗人吟边燕语》，两者均以文言译自兰姆的《莎士比亚故事集》，非原剧本的完整翻译，后者到 1921 年才出现。而莎译全集的推出，在中日两国都是译莎 40 年之后的事了。可见近代翻译文学走的是一条由粗而细、从简到繁的路。

第四，莎剧的翻译在中日两国有着近似的经历，但日本更积极地将莎剧搬上舞台，尤其是《威尼斯商人》（这也是日本最早搬上舞台的莎剧，1885 年上演）和《汉姆雷特》，日本学者高度评价莎剧的翻译对于日本文学、演剧及社会思想等方面的影响[6]。

木间久雄在论述明治时代的翻译文学时，认为可区分出三种翻译，一是以启蒙为目的的翻译，一是政治宣传性的翻译，另一是文学性的翻译[7]；前两种翻译显然是编译性的，即使文学性的翻译也只是译本本身有文采，并非现代意义上的忠实的文学翻译。这一时代的翻译现象只有从大文化背景中解释，即它是与当时日本社会的需要相适应的。社会，或者说民众，首先需要的不是译文精确与否，而是急切地希望通过译本了解西方社会，了解西方人的思想、观念、风情、习俗等，如同饥不择食，先饱餐一顿，以后再从容地挑拣食物，精工细作。我们透过莎译看到的明治翻译文学就是经历了这样的由泛而精、由粗而细，以社会需要为依归的翻译文化史过程。

6　参看河竹登志夫、福田光治等,《欧米作家日本近代文学》第 1 卷 66-78 页。

7　参看木间久雄,《明治学史》（上）170-196 页。

参考文献

- 王克非 . 翻译文化史论 [M]. 上海：上海外语教育出版社，1997.

- 川户道昭等 . 明治翻译文学全集（新闻杂志編）[G]. 東京：大空社，1996.

- 国立国会图书馆 . 明治、大正、昭和翻译文学目录 [Z]. 東京：风间书房，1959.

- 河竹登志夫，シェークスビロ，福田光治等 . 欧米作家日本近代文学（第 1 卷）[G]. 東京：教育出版センター，1974.

- 河野好藏 . 近代文学鉴赏讲座（22）翻译文学 [M]. 東京：角川书店，1960.

- 明治文化研究会 . 明治文化全集（22）：翻译文艺篇 [M]. 東京：日本评论社，1967.

- 木间久雄 . 明治文学史（上）[M]. 東京：東京堂，1948，1964.

- 矢田部良吉等 . 新体诗抄 [M]. 東京：日本近代文学馆，1882，1984.

- KEEN D. 日本文学の历史（10）近代、现代篇 [M]. 東京：中央公论社，1995.

- MURAKAMI T. Shakespeare and Hamlet in Japan: a chronological overview [G]//UENO Y. Hamlet and Japan. New York: AMS Press, 1995: 239-303.

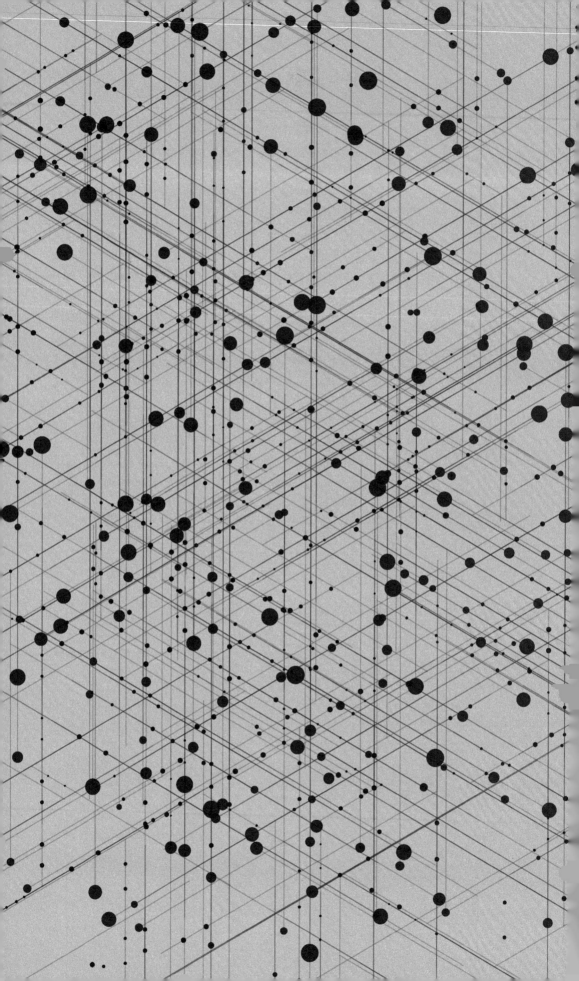

第四部分

翻译之于思想沟通

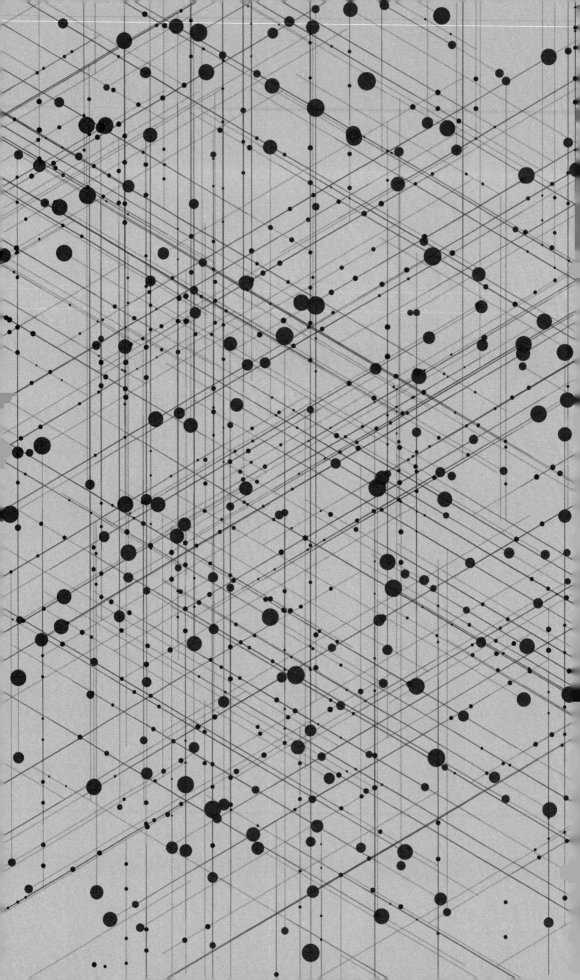

导　言

　　翻译作为传通文化的桥梁，除了语言文化的联系之外，思想的沟通是极为丰沛的部分。这也是我持续探索的兴趣所在。前面提到的我第一篇学术文章，"论严复《天演论》的翻译"，就是从翻译之于思想沟通的意义开始的。这个部分里的三篇长文，涉及中日近代通过翻译摄取西方进化论思想和自由思想，是比较深入的分析和阐释。其中第二篇关于中日近代启蒙学者翻译摄取西方自由思想的研究得到时任《外语教学与研究》主编的许国璋先生的高度认可，1989 年刊发时，他专门为此文加了编者按。

　　严复及其《天演论》是中国近代史上绕不过去的人物和事件。在我涉猎这个领域时，研究成果已如汗牛充栋。如何下笔写出新意，提出新见，是首先要面对的问题。通过大量查阅和思考前人文献，我发现一个有意义的现象，即研究严复及其翻译不是单一领域所为，而是来自两个领域。其一是史学界、思想界的研究，其二是外语界、翻译界的论文。前者注重思想分析，不谈严译原作；后者围绕"信达雅"翻译要义讨论，未见翻译背后思想史的分析。但如何解释严复明知翻译须遵循"信达雅"，而在其第一本译作里却说其译"题曰达旨，不云笔译，取便发挥，实非正法"，没有人解释清楚这点。鲁迅说《天演论》是严复"做"出来的，这个"做"字意味深长，但究竟为何要做而不译，又是如何做的，则未有解答。显然，不将史、译二界之长结合起来，很难回答这个问题。我正是从这一点入手，开始自己将《天演论》这一翻译事件同思想史结合观照的翻译文化史研究。

我的分析是，《天演论》是严复出于忧患意识而首选进化论译介到中国。他"做"而非译，一是体现在他对原作采取了加（译）、减（译）、改（译）、按（语）。为何这样做，是他欲以赫胥黎的《进化论与伦理学》为底本，传播进化论思想，挖掘"与天争胜"的精神，又以斯宾塞普遍进化观点来向国人发出"不适者亡"的警告，敲响"自强保种"的警钟。

然而反观日本，进化论的引入则是另外一番景象，成为引进者加藤弘之反对"天赋人权"、推行"优胜劣汰"的利器，为明治政府对外扩张做理论上的准备。

自由思想在 19 世纪后半叶进入日本和中国也有类似的各取所需现象出现。日本启蒙学者中村正直翻译《自由论》，摄取其中个性自由张扬则国群兴旺发展的观点而弘扬自由思想；中国启蒙学者严复则先欢迎后谨慎地对待自由思想，认为个人和社会讲自由必先知其界限。

这些分析表明，思想的译介，远比一般翻译复杂，是以适应译介目的为指归，并推动译入文化的革新，即使译介同一著作或同一理论，也会表现出不同的摄取和不同的反响。这进一步说明翻译作为文化传通的媒介所具有的特殊的双重功效。

十四　论严复《天演论》的翻译 [1]

1. 概说

在中国翻译史上，严复的译著和评论占有重要的地位。特别是严译《天演论》，在近代史上留下了不可抹去的一笔。大半个世纪以来，论述严复和严译《天演论》的文献很多，着眼点不外两个方面：一是把严复作为近代重要的启蒙思想家来论述他的进化论观点和他对西方学术的传播，这类论说主要见于史学界、思想界；二是把他作为翻译家来谈论他的译文和他提出的"信、达、雅"翻译要则，这类议论主要见于外语界、翻译界。前者对严复的译文和翻译要则评述不多，后者主要谈翻译问题，而对严复采用"达旨"式译法的深刻原因和所下苦功却鲜有人论或论之不够。

我们认为，严译《天演论》无论在引进西学还是在翻译实践上都有重要意义，它是严复在特殊历史条件下本着特殊目的以特殊方法移译出来的。评论严译《天演论》似应兼顾前述两个方面，从中西文化的沟通上着眼，从译品的特色入手。本文拟对《天演论》的基本译法和译名的创立、附加的按语以及"雅"文体等加以探讨，并对当时的历史环境和译者的思想进行分析。

1　原作发表于《中国翻译》1992 年第 2 期。

2. 译法

在《天演论》中，严复首先申明这是"达旨"式的翻译，意在"取便发挥"，而不斤斤于"字比句次"。让我们先看看赫胥黎原文的首段，再结合严译作一番比较。

原文：

> It may be safely assumed that, two thousand years ago, before Caesar set foot in southern Britain, the whole country-side visible from the windows of the room in which I write, was in what is called "the state of nature". Except, it may be, by raising a few sepulchral mounds, such as those which still, here and there, break the flowing contours of the downs, man's hands had made no mark upon it; and the thin veil of vegetation which overspread the broad-backed heights and the shelving sides of the coombs was unaffected by his industry. The native grasses and weeds, the scattered patches of gorse, contended with one another for the possession of the scanty surface soil; they fought against the droughts of summer, the frosts of winter, and the furious gales which swept with unbroken force, now from the Atlantic, and now from the North Sea, at all times of the year; they filled up, as they best might, the gaps made in their ranks by all sorts of underground and overground animal ravagers. One year with another, an average population, the floating balance of the unceasing struggle for existence

among the indigenous plants, maintained itself. It is as little to be doubted, that an essentially similar state of nature prevailed, in this region, for many thousand years before the coming of Caesar; and there is no assignable reason for denying that it might continue to exist through an equally prolonged futurity, except for the intervention of man.

严译:

赫胥黎独处一室之中，在英伦之南，背山而面野。槛外诸境，历历如在几下。乃悬想二千年前，当罗马大将恺彻未到时，此间有何景物。计惟有天造草昧，人功未施，其借征人境者，不过几处荒坟，散见坡陀起伏间。而灌木丛林，蒙茸山麓，未经删治如今日者，则无疑也。怒生之草，交加之藤，势如争长相雄，各据一抔壤土，夏与畏日争，冬与严霜争，四时之内，飘风怒吹，或西发西洋，或东起北海，旁午交扇，无时而息。上有鸟兽之践啄，下有蚁蝝之啮伤，憔悴孤虚，旋生旋灭，菀枯顷刻，莫可究详。是离离者亦各尽天能，以自存种族而已。数亩之内，战事炽然，强者后亡，弱者先绝，年年岁岁，偏有留遗，未知始自何年，更不知止于何代。苟人事不施于其间，则莽莽榛榛，长此互相吞并，混逐蔓延而已，而诘之者谁耶！

通过这段对照，可以大致领略严复"达旨"式译文的风貌。他以中文短句，译英文长句，句次不对而要义无失。赫胥黎这一段话总共为五句，用的全是长句，读起来颇有气势，严复则将五句译成十句，以短句铺排，其中二十多处使用四字短语，读起来节奏感强，音调铿锵，与原文可谓貌离神合。读者若将科学出版社 1971 年版《进化论与伦理学》的白话译文与之对比即可看出，白话译文以基本上与原文一样长的五个句子对译，忽略了英文句长、中文句短的特点，读起来韵味就差些。不同语言在表达上总是各有特色的。如王力先生所说，"西洋人做文章是把语言化零为整，中国人做文章几乎可以说是化整为零。"（参见王力 1954：290）严复译文不拘于原文形式，重在内容的传达，这是严译的一个特点。

值得一提的是，严复将原文中的第一人称口吻改译为第三人称，一起首便是"赫胥黎独处……"。他这样做不仅是为了使译文读起来像中国古代的说部与史书，而且便于他在翻译中发挥、"改制"，即达旨式地进行译述。

通篇考察《天演论》，可以发现严复对原文多有增删，有时还加入自己的话来发挥原文之意，甚至对原书"所引喻设譬，多用己意更易"。如《天演论》"导言十三·制私"中就有"李将军必取霸陵尉而杀之……"的中国事例替换原文中哈曼吊摩迪开之事。不过他以注的形式，将原事例译出，说明"今以与李广霸陵尉事相类，故易之如此。"在赫氏原著"导论之八"中有英人塞伯莱善养鸽之例，而严复"易用中事"，以卜式养羊、伯翳养马代之。"导言十一·蜂群"中还出现"非由墨之道以为人，抑由扬之道以自为也"这样的显然被易为中事的情形，吴汝纶不赞成换例之举，但严复未改。显然他认为，以中事易之，便于中国读者理解；而且事例虽换，意义并无背于原文。对这一点，若用通常的翻译标准去要求、衡量，自然是通不过的，但整部《天演论》就是"取足喻人"的"达旨"，出现这等换例之事便不离奇了。严复译书，曾查过汉晋六朝翻译佛经的方法（鲁迅语），受鸠摩罗什的影响很大，增删、改制、换例之类"达旨"译法就可能从罗什师承而来（参见王克非 1988）。

严复对原文做的增删是很多的。如在"导言一·察变"的后段，严复译述了原文内容，而将"物竞""天择"重点发挥，并添入"斯宾塞尔曰……存其最宜者也"等来映衬。赫胥黎的"导论之四"的主要内容是阐述"宇宙演化过程原理"和"园艺演化过程原理"的特点，严译《天演论》则以"导言六·人择"

一节概括上述内容，突出"人定胜天"的思想。又如在"论一·能实"中，严复融会原文神理，整段整节地以自己的语言译述，删略其次言，突出其要旨（例如赫氏开头讲的童话故事，无关宏旨，严便略去）。在"本论"的第四节中（严译"论五·天刑"），赫氏举例时提到哈姆雷特，他是莎士比亚名剧中的人物典型，在英国家喻户晓，犹如李逵之于中国百姓，不消多加解释。但在西方文化尚未传入中国的当时，严恐国人不明，加译而成"罕木勒特，孝子也。乃以父仇之故，不得不杀其季父，辱其亲母，而自刺刃于胸。"人名之后的三十余字都是他加的。这类"添枝加叶"的事例在严译中不少，多为映衬和解释，基本不离原意。这样做有助于读者理解，使要旨易达，同时也表明严复对西方文化有广泛的了解，故而能做到"前后映衬，以显其意"。在"导言十五·最旨"中，他将原文做了改编，简要综述了上文各章节的内容，最后又加以发挥，设问"国家将安所恃而有立于物竞之余？"以期引起"深察世变之士"三思。

当然，严复对原作或增添，或删减，或替换，或改写，甚至为发挥、为达自己之旨而不惜改造原文，其译文之"信"也就有限了，确非翻译之正法，这一点严复自己也不讳言。但他不追求"忠实"的译本，着意采取达旨的方式翻译《天演论》，除了上述原因之外，还有更深的动机（后面将进一步论述），若用现代正规的翻译标准去要求就难免削足适履了。

3. 译名

严复在 19 世纪末 20 世纪初，将一大本一大本的西方资产阶级思想奠基之作译介过来，成为"中国西学第一者"（康有为语）。第一者可不好当。大凡草创，唯艰唯难。引入一种新学术思想时，首先遇到的突出困难便是译名。"新理踵出，名目纷繁，索之中文，渺不可得，即有牵合，终嫌参差。译者遇此，独有自具衡量，即义定名……一名之立，旬月踟蹰"（《天演论·译例言》），这确非虚言。90 年前哪有今天这样优越的条件、这样多的参考书工具书、这样广泛的文化接触和联系？他所译的又都是些"奥赜"的著作，尽"吾国之所创闻"，只有独辟蹊径地奋力为之。一个 prolegomena 就使严复大伤脑筋。他开始翻作"卮言"，友人提议据内典用"悬谈"之类，在最初的非正式印本中就有"卮言""悬疏"。后来他思索再三，"依其原目，质译'导言'"。

严复对译名不仅慎重，还求典雅。如 state of nature 今译"自然状态"，恐怕在当时这样译的话，难以使人明了，也太抽象。严复求诸古典，取《易·屯》"天造草昧"译之。天造，犹言天地之始，正是所谓 state of nature。

以"物竞"译 struggle for existence，以"天择"译 natural selection，非常出色。这组词在当时广为流传，并沿用至今，即得益于译名之精当。

以"天演"译 evolution 及 cosmic process 也独具匠心。日本引进西学较我为早，日人加藤弘之已将 evolution 译为"进化"，严复在《天演论》末节和按语中偶尔也用过该词。但他因"中学"造诣深，又崇尚先秦诸子之说，便另辟导源于《易·乾》"天行健"和《庄子·天运》的"天演"一词。天行、天演，即自然界的运动变化。若他译为"宇宙过程"则难以"喻人"（便是今天，"宇宙过程"这个词也是不易理解的。Cosmic process 似译为宇宙演化过程较当）。特别是"天演""天行""天运""物竞天择"等译名均含有分量很重的"天"字（关于"天"字在汉字文化圈中的特殊涵义，参见严复 1986：491），词危义富，令人警醒。还有"与天争胜""人定胜天"等词语，为严复从原著中概括、发挥而来，"立片言而居要"，成为"一篇之警策"。历史表明，《天演论》的成功，与他这些译名所起的作用有很大关系。

对 The Origin of Species，严复初译为"物类宗衍"，继而将 species 译为"物种"，遂有"物种探原"（如在严著《原强》中），后来又译为"物种由来"。创名之难和译者谨慎的态度由此可见。

Economy 也是新鲜术语，翻译界人士直到 1914 年还在为它的汉译名各抒己见。当时有音译成"爱康诺米"或"依康老蜜"的，有意译为"俪""平准"和"理财"的，严复反复比较后译为"计学"，并对此译名加以论证（参见严复 1986：97，517-518，848）。Economics 以后随日译而为"经济学"，但未必胜于"计学"一词。

"逻辑初至我国，译曰'辨学'，继从东籍，改称'论理'，侯官严氏陋之，复立'名学'。"（章士钊《论翻译名义》，参见刘靖之，1981）严复译这种词特别慎重，细考其源，必求译名与原词之深度、广度相符，故选用我国古代表概念的重要逻辑名词"名"来译 logic。（参见王克非 1987）

此外如 self-assertion 译为"自营"，self-constraint 译为"克己"，pure reason 译为"清净之理"，heredity 译为"种姓之说"，affinity 译为"爱力"，以及归纳、推理分别被译为"内籀""外籀"等，都颇具特色。有些术语现在看来算不了什么，但在当时定名也不易，"虽欲避生吞活剥之诮，有不可得者矣"（《天演论·译例言》）。如以"涅伏"音译 nerve（神经）；以"官品"（"官"指器官）译有机物；以"斐洛苏非"音译 philosophy（哲学），又加注"译言爱智"；以"涅菩刺斯"音译 nebula（星云），并说明"日局太始，乃为星气"。这些译名随着时代的前进、文化的发展而渐渐淘汰了，但或多或少地曾在一段时期内起了"暂用名"的作用，如在鲁迅早年的文章中就可以见到这些并不太好的译名。此外，严复的译名流传今日者不多，除了由于他定名有些过于古奥外，日本译名后来大量涌进汉语是一个重要原因。

梁启超深知翻译甘苦，他说，"翻译之事，遣词既不易，定名尤最难。"因为译者面对的不只是一些词，而是要由此沟通不同的文化。学术思想的译介尤其如此，译者不只是进行翻译，"还必须要为自己的文化引进一种概念系统"（许国璋 1983：15），不仅立言，还要立解。严复在进行翻译时，正是抱着这样的态度，下过立言、立解的苦功，因而他的翻译对丰富民族的文化、开拓视野，都有不可低估的意义。拿早年的鲁迅来说，他不仅在思想上受《天演论》的启发，在译法、文体上也受到严复的影响。严复创立的译名就常为鲁迅援用，如鲁迅 1907 年写的《人之历史》中用了"人择""天择""官品"等词；鲁迅（1938/1981）此时的一些论文如《摩罗诗力说》中，所引外文也是以译述的方法译出。鲁迅充分肯定过严复治译的认真态度："严又陵说，'一名之立，旬月踟蹰'，是他的经验之谈，的的确确的。"[《且介亭杂文二集·"题未定"草（一）》]

4．按语

严译《天演论》中所附大量按语，是其重要特色之一。这些按语既是研究严复思想的极好材料，同时也表现出严复译书的用意和他所下的苦功。严复初译《天演论》时并未加多少按语。比较 1898 年正式出版的《天演论》译本与两年前的手稿（参见严复 1986），就可发现，正式译本中的 28 条按语，有 20 条是手稿上没有的；手稿中原有的几条，到正式译本中也做了很大的增删和变动。这说明严复在修订译稿的过程中更深切地认识到附加按语进行补充说明或评述的必要。他在定译本中解释说："穷理与从政相同，皆贵集思广益。今遇原文所论，与他书有异同者，辄就谫陋所知，列入后案，以资参考。间亦附以己见……如曰标高揭己，则失不佞怀铅握椠，辛苦移译之本心矣。"从商务印书馆 1981 年新版《天演论》来看，全书正文 94 页，其中严复的按语（小号字体排印）约 36 页，字数约占全书五分之二，有几篇按语比该章译文还长，这在翻译史上是罕见的。这样做不仅是由于他学贯中西，也由于他是有目的地进行翻译，要在按语中表达自己的思想和见解。因此，他在按语中广征博考，或详尽阐发，或悉心评点，连同译文一道将自己融会贯通中西文化之所得尽数奉献给读者，以丰富原著的内容，拓宽读者的知识面。如在"论十一·学派"后的按语中将西方古代著名哲学家一一介绍。在"导言一·察变"后的按语中，概述了进化论问世以来西方著名哲学家及其学说与观点。在"导言十五·最旨"后的按语中，他不同意赫氏的伦理观点，而介绍斯宾塞之说，认为"天演公例，自草木虫鱼，以至人类，所随地可察者"，从而将生物进化规律引进人类社会。他意在告诫人们：物竞天择适者生存的规律也适用于人类社会，中国若不奋起，便有亡国灭种之危。他的按语同他的译文一样，常以惊叹、设问等强势语气收束，使"洞识知微之士，所为惊心动魄"。

像严复这样煞费苦心地在翻译中兼做介绍和比较中西思想异同的译者实不多见。难怪吴汝纶说"赫胥黎氏之指趣，得严子乃益明"（《天演论·序》）。不仅士大夫如此说，维新派大人物也非常赞叹。梁启超读《天演论》后致函严复："书中之学，启超等昔尝有闻于南海（指康有为），而未能尽。……及得尊著，喜幸无量。"（参见梁启超 1988）对于严译《天演论》达旨之效和按语之功，这些与严同时的名流们的反映也是一个佐证。

5. 文体

严复以"汉以前字法句法"移译《天演论》和译文应求"雅"的译论，向来受到后人批评，虽然也有一些观点认为严复之所以采用古雅文体是为了吸引士大夫的注意。这是一个更为复杂的问题。至少有这么三个因素需要考虑。首先是历史背景。19世纪末，严复译《天演论》时，白话文尚未普及，时人皆崇尚古文，诸公著书撰文都用古文，维新人士也不例外，甚至同盟会机关报《民报》也常用古文怪句（参见鲁迅《坟·题记》）。直到五四运动前一年的1918年，最早据法文译出的卢梭著作——《卢梭民约论》（马君武译），也还是用的文言文。

除时代因素外，严复本人喜欢并擅长用古雅文体从事著译也是重要因素。严复推崇先秦诸子的哲学思想，自然也喜欢其文辞。他认为"中国文之美者，莫若司马迁、韩愈"，还说"平生于《庄子》累读不厌"。他曾用的"卮言"一词就取自《庄子·寓言》："卮言日出"。据吴德铎（1982）考证，"'天演'二字或脱胎自'天运'，'赫胥黎'译名中的'赫胥'来自《马蹄》和《胠箧》。按语中引用的以《庄子》最多，庄子创始的以'悲夫'作结尾时的感叹也为严复一再袭用。"严复的著述文字也很古奥，显然受到古书影响。

严复还认为，西方社会科学和自然科学中的名理、公例等，"吾古人之所得，往往先之"，可以互相印证。西方"名、数、质、力四者之学"也好，牛顿学说也好，斯宾塞"天演自然言化"也好，皆可证诸《易经》。同时，严复及其同时代人所读的中国哲理书，所谓"精理微言"，无非就是先秦及隋唐诸子之说，因此在译西方相关学说时，他自然认为"用汉以前字法句法，则为达易"。应当注意的是，严复强调的是精理微言之类著述要用古雅文体，他认为"理之精者不能载以粗犷之词"（参见严复1986：516）。黄遵宪同意这一点，"苟欲以通俗之文，阐正名之义，诚不足以发挥其蕴"（同上：1572）。外国翻译史上也有这种现象，如斯坦纳（1987：90）所说："……翻译历史、哲学著作，译者总是避免使用当代的语言……译者自觉不自觉地使用旧时的词法和语法。"严复熟悉用汉以前字法句法写的精理微言，自然觉得这种尔雅的文体更好表达。比如，当"其中所论，与吾古人有甚合者"时，用先秦诸子的文体和相关词语来表达，不是既切近又便当吗？所以严复采用古雅文体，引用了"己所不欲，勿施于人""天听民听""举世誉之而不加劝，举世非之而不加沮"之类的古语。反过来，假如他不用熟悉和擅长的古文，而用所谓"近世利俗文字"来翻译，其效果很可能就要大打折扣，因为在当时人们对外来文化有抵触情绪，使用拟古的文笔可以使人感到熟悉、靠近且"道胜而文至"，士大夫们才易于接受。

由上述分析可见，严复采用古雅文体译《天演论》是有缘由的。而且早在那时，他就讲究译文的典雅，考虑读者是否能接受，选择最适宜的表达形式，确实难能可贵。且看当时翻译界情况，"今之译者，大抵于外国之语言或稍涉其藩篱，而其文字之微辞奥旨与夫各国之所谓古文词者，率茫然而未识其名称，或仅通外国文字言语，而汉文则粗陋鄙俚，未窥门径。使之从事译书，阅者展卷未终，俗恶之气触人欲呕。"（马建忠 1984：2）而严复译的《天演论》使自视颇高的士大夫们都觉得"自中土翻译西书以来，无此宏制……自来译手，无似此高文雄笔也。"（吴汝纶语，参见严复 1986：1560）两相对比，严译更显得超群不俗。

6. 结语

特定方法总是与特定目的相关的。严复以达旨的特殊方法译述《天演论》，自然是有其深刻原因的。国难当头时选择《天演论》就是他胸中自强保种、救亡图存的忧国忧民的激情所使然。"盖伤吾土之不竞，惧炎黄数千年之种族，将遂无以自存，而惕惕焉欲进之以人治也。"（同上）《天演论》便是严复敲响的唤醒国民的晨钟。

严复在《天演论·译例言》中，开宗明义地提出"信"为译事之要义，但他译《天演论》却偏偏采用"不尽信"的达旨办法，其目的就在于"取便发挥"，即借赫胥黎的著作同时发挥、阐述自己的见解，"用为主文谲谏之资"。他以赫胥黎的书为底本，向中国传播进化论思想，但又不止于此。赫氏原书题为《进化论与伦理学》(*Evolution and Ethics*),他将两者并谈,是因为若将"物竞天择、适者生存"的进化理论用于整个生物界,包括人类,就可能导致残酷的弱肉强食,因而赫氏认为人类社会不能光讲进化,还要讲伦理。但严复更赞成斯宾塞的自然进化适用于人类社会的观点,认为"天行人治,同归天演",故在书名中略去了"伦理",向国人发出由于积贫积弱而有亡国灭种危险的警告。但是严复是很有眼光的,斯宾塞那种任天为治、弱肉强食的思想,是面临侵略威胁的中国人民包括严复断乎不能接受的,因此他从赫胥黎的人类不能被动接受自然进化的论说中大力挖掘"与天争胜"的思想(如在《天演论》最后一章中淋漓尽致地阐发"今欲治道有功,非与天争胜而不可得"的思想)。简言之,通过进化论的译介,既告诉国人有"不适者亡"的危险,又号召人民奋发图存、与天争胜、自强保种。这种"实非正法"的达旨,有意地对原书加以取舍、改造,并加上大量按语,以补其不足,以纠其不当,对于达到严复翻译《天演论》的预期目的,无疑是很有助益的。

再看当时的中国封建社会,闭关自大,泥古守旧,不屑于西方学术,以为西方不过船坚炮利、机器新奇而已;而且"同国之人,于新理过于蒙昧"(参见严复 1986:527)。严复正是基于这一国情,加之他深谙读者的心理、文化状态和接受水平,所以才采用阐述式的译法。又由于他"于西学中学,皆为我国第一流人物"(梁启超语),是"十九世纪末年中国感觉敏锐的人"(参见鲁迅 1938/1981),才有可能胜任这种以达旨式译法传播西学的重责。

特定的历史环境,使严复产生了特殊的翻译动机,并使用特殊的译法,这便是《天演论》的由来。它应运而生,风行海内,吸引了从学者到青年学生一大批读者(参见鲁迅 1938/1981),一时间报刊谈进化,学校讲进化,"物竞天择之理,厘然当于人心,而中国民气为之一变"(《述侯官严氏最近政见》,载《民报》第 2 号)。一本译著产生的社会影响如此之大,这固然与当时的中国社会环境有关,但也是严复特殊的译述建下的奇功。一本宣传进化论的普及性书籍,经严复一"达旨",成了义富辞危的警世之作,成了维新变法的思想武器,使有识之士怵焉知变,使爱国青年热血沸腾,启迪和教育了几代中国人。

参考文献

- 梁启超. 饮冰室合集 [G]. 北京：中华书局，1989.

- 刘靖之. 翻译论集 [G]. 香港：生活·读书·新知三联书店香港分店，1981.

- 鲁迅. 鲁迅全集 [G]. 北京：人民文学出版社，1981.

- 马建忠. 拟设翻译书院议 [M]// 中国翻译工作者协会《翻译通讯》编辑部. 翻译研究论文集（1894-1948）. 北京：外语教学与研究出版社，1984：1-5.

- 斯坦纳. 通天塔——文学翻译理论研究 [M]. 北京：中国对外翻译出版公司，1987.

- 王克非.《严复集》译名札记 [J]. 外语教学与研究，1987（3）：51-53.

- 王克非. 鸠摩罗什与严复 [J]. 中国翻译，1988（4）：38-39.

- 王力. 中国语法理论（下册）[M]. 北京：中华书局，1954.

- 吴德铎. 谈《天演论》[N]. 文汇报，1982-07-12.

- 许国璋. 关于索绪尔的两本书 [J]. 国外语言学，1983（1）：1-18.

- 严复. 严复集 [G]. 王栻，编. 北京：中华书局，1986.

十五 从中村正直和严复的翻译看日中两国对西方思想的摄取[1]

原刊编者按：

19 世纪中叶，英国的社会学家 J. S. Mill 写的著名论文《论自由》（On Liberty），先后为日本和中国的两位启蒙思想家所翻译。中村正直的《自由之理》出版于 1872 年，严复的《群己权界论》刊行于 1903 年。两位学者同在觉醒的东方，同是向西方摄取新的哲学思想，又同译一本书，这就保证了两位学者的可比性；但是由于两位学者的文化心态不同，对自由一词的认识不同，在翻译过程中所加的按语不同，虽是翻译同一论著，却产生了两部颇为不同的译品；又由于中村的学术活动，是在日本的明治维新时期，而严复则在甲午、庚子的战乱时期，译本既出，在不同的接受环境下产生的影响当然也不同。本文既见其不同又述其相同之处，饶具历史兴趣和理论兴趣。论文作者对于英文、日文、晚清文言文均有阅读能力，参阅资料和分析论点也有独到之处。论文全长 6 万字，本刊选登 2 万余字，呈献于读者。论文作者王克非原是许国璋教授指导的硕士研究生。

1. 绪论

19 世纪中叶，西方文明挟着战威闯进古老的东方，全面的文化冲突与接

---

1 原作发表于《外语教学与研究》1989 年第 4 期。

触开始了。伴随着资本主义工商业的兴起而发展的西方文明，同与小生产方式相联系的宗法封建文明，两相交锋，后者节节败阵，促使东方的有识之士逐渐正视西方文化，反思自身文化，积极寻求走向富强、进步的途径。日本与中国广泛地翻译西书，摄取西方近代思想，这是世界近代史上一个很有意义的文化现象。本文即从日本的中村正直和中国的严复不约而同地翻译英国思想家 J. S. Mill 的 *On Liberty*（《论自由》）一书入手，对这一现象进行探讨。中村正直和严复不是一般的译家，他们所做的翻译工作，实际上是思想启蒙。本文的重点不在于评价译文的高下，而在于比较译者的思想和他们对异文化的摄取。这是将翻译史同文化史结合起来研究的一种尝试。

2. 关于 *On Liberty*

On Liberty（《论自由》）出版于 1859 年。作者 John S. Mill（旧译约翰 • 穆勒）为 19 世纪中期英国重要的哲学家和经济学家。*On Liberty* 的成书时代，正是产业革命后，生产急剧发展，世界市场开始形成之时。新兴的资本家阶级在经济上要求自由贸易和自由竞争，以取得更多的原料、市场和利润；政治上则要求削减封建贵族阶级的特权，对日益膨胀的议会的权力加以约束。Mill 此书反映了这一愿望，并试图从理论上充分肯定自由的价值，强调对社会的权威进行控制和调节，对个人自由予以维护。

在第一章导论中，Mill 说明该书探讨“公民或社会的自由，即社会合法地施加于个人之上的权利的性质和限度”（Mill 1859/1981：5）。第二、三章阐述思想、言论和著述的自由以及个性自由的价值。第四、五章试图解决个人自由与国家（社会）权威二者的矛盾，认为：1）个人行为只要不涉及他人的利害关系，就得有完全的自由，不必向社会负责，他人亦不得干预；2）只有当个人行为危及到他人利益时，社会才有权施加管束（Mill 1859/1981：92-94，115）。但是从长远看，个人自由若丧失，国家生机将衰落。因此他提出三点建议：1）凡宜个人办理的事情，悉由个人办理；2）即使国家可以办得更好的事情，也宜让个人去办，以锻炼其能力，并使其领会和关心公共利益；

3）政府权力不宜无限扩大，否则会使人的依赖心理增长，而自治能力衰退（Mill 1859/1981：133-141）。

概言之，Mill 此书有两层思想，一是重视个人自由（特别是思想、言论的自由），二是指出社会对个人自由的干预必须受到限制。

3. 译者的自由观

作为启蒙思想家，严复和中村正直向本国人民传播西方近代思想，是有他们自己的取舍标准和价值观的。为了探寻两位译者与 Mill《论自由》书中的思想契合点，有必要先分别分析他们对自由的认识。

个性自由或个性解放的思想，是伴随封建制度的瓦解、蒙昧时代的结束而出现的，是近代文化的先声。个性自由既外在地表现为挣脱神学和迷信的束缚以及世俗的封建意识的桎梏，又内在地表现为人的自我意识的确立。严复从达尔文进化论和斯宾塞著作中接受了西方自由思想观念，在他奋笔为文的第一篇力作《论世变之亟》中，就已表现出他对自由的认识。他写道：关于西治之命脉，"扼要而谈，不外于学术则黜伪而崇真，于刑政则屈私以为公而已。斯二者，与中国理道初无异也。顾彼行之而常通，吾行之而常病者，则自由不自由异耳"（《严复集》（一）：2）。这里，严复既称颂了西方的科学精神和民主政治，又明确以自由做准绳，区分中国封建宗法社会与西方近代社会。在他看来，自由与否是问题的根本所在，民主不过是自由在政治上的表现[2]，故应以"自由为体，民主为用"（同上：11）。于是他大力宣传西方自由思想："彼西人之言曰，唯天生民，各具赋畀，得自由者乃为全受。故人人各得自由，国国各得自由，第务令毋相侵损而已。侵人自由者，斯为逆天理，贼人道。……故侵人自由，虽国君不能"（同上：3）。反观封建专制下的中国，严复揭露道："夫自由一言，真中国历古圣贤之所深畏，而从未尝立以为教者也"（同上：

2　严复《主客平议》曰："言自由，则不可以不明平等，平等而后有自主之权；合自主之权，于以治一群之事者，谓之民主。"见《严复集》（一），第 118 页。

2）。这是因为宗法礼教"牢笼天下","事关纲常礼教,其言论不容自由"（同上：134）,对百姓"期于相安相养而已。……故宁以止足为教,使各安于朴鄙颛蒙"（同上：1）。扼杀人的自由,而"民智因之以日窳,民力因之以日衰"（同上：2）;这同予民自由,从而"日进无疆"的西方形成鲜明对照。同时,严复清楚地认识到,争得自由并不仅在于外部因素,还有内在的一面,即必须唤醒人民对自由的觉悟,赢得自己应有的自由权利。他说"民之自由,天之所畀"（同上：35）,并根据进化论的"物竞天择,适者生存"的观点,说明个人的自主、自由对于社会发展的必要。因为社会是由个人组成的,人各自立、争强,社会整体才能进步。"社会之变相无穷,而——基于小己之品质"（同上：126）。由此可见,严复认为自由思想有益于民众的进步,继而达到国家的富强。正是在这一点上,西方的自由思想与他"鼓民力,开民智,新民德"的三民思想（同上：15-32）相吻合。

但是轰烈一时而终归失败的戊戌变法运动（1898）和义和团运动（1900）影响了严复对中国的社会现实、对民众以及对自由问题的认识[3]。《群学肄言》（1903）中的自序表露了他的忡忡忧心:

> "乃窃念近者吾国,以世变之殷,凡吾民前者所造因,皆将于此食其报。而浅谫剽疾之士……辄攘臂疾走,谓以旦暮之更张,将可以起衰……不能得,又搪撞号呼,欲率一世之人与盲进以为破坏之事。"（同上：123）

基于这一看法,他申明:"夫言自由而日趋于放恣……此真无益,而智者之所不事也。"[4] 在他看来,未开化之民,犹如小儿,不能自立,故无自由可

3　严复曾指责义和团:"庚子妖民愚竖,盗兵溃池,其贻祸国家至矣",
　　语见"主客平议"（1902）,《严复集》（一）,第119页。

4　严复"《民约》平议"一文载于1914年2月《庸言报》上,旨在减损卢梭《民约论》对社会的影响。见《严复集》（二）,第337页。

言（其文"民约平议"即驳卢梭民生而自由论）。在 1906 年写的《政治讲义》中，他专门论述了自由及其界限，认为"外患深者，其内治密，其外患浅者，其内治疏。疏则其民自由，密者反是"（《严复集》（五）：1292）。因此，"吾国今处之形，则小己自由，尚非所急，而所以祛异族之侵横，求有立于天地之间，斯真刻不容缓之事。故所急者，乃国群自由，非小己自由也"（《严复集》（四）：981）。他进而提出要"人人减损自由，而以利国善群为职志"（《严复集》（二）：337）。救亡的现实需要使他后期渐渐离开前期的自由观，因外患深，就要强化内治，国群的自由（独立）最为紧要，为此需少讲个人自由，以服从国群自由。严复这一认识上的变化，也有西方思想家的影响，即认为人类社会的进化是一个长期的渐进的过程，不可指望突飞猛进。自由的程度与人类启蒙的程度相关联。Mill 就有这样的观点："自由作为一个原则，其运用不可超前，在人的素质未能借助自由平等的讨论而得到改善之前不可施用"（Mill 1859/1981：16）。因此，严复认为以当时尚处落后发展阶段的中国，不可侈谈个人自由。尽管他前后期的自由观发生了变化，我们仍可以看出有一点没变，那就是他对待自由思想，如同他译介其他西方学术，始终是站在国家、民族利益的立场上。提倡自由或慎于自由，无不为了提高民德，使中国富强。

应当看到，严复的自由观，在当时的中国是有代表性的。梁启超 1899 年在日本写下《自由书》，倡导自由。他 1901 年撰文说："今日欲救精神界之中国，舍自由美德外，其道无由。"[5] 但他同时认为，若"自治之德不备，而徒漫言自由，是将欲急之，反以缓之。"[6] 到 1903 年，有黄遵宪写文驳梁启超，称民权自由之说于中国今日尚早，并引罗兰夫人所谓"天下许多罪恶假汝以自由行"（张枬等 1960：337）告诫世人。1904 年，《申报》上有人写文章，首

5　梁启超"十种德性相反相成义"之二"自由与制裁"，见张枬等（编），1960：11-12。

6　小野川秀美指出，几乎同在 1903 年前后，严与梁对于自由新思想的滥用，始而惊之，继而戒之，从自由思想的先驱地位退出（小野川秀美1969/1984：282）。

句便说"自由之说至于今日误人甚矣",进而说"非患于民不自由,实患于民太自由,尤患于自由之间未立界限"(《申报》,未署名,1904)。其后还有康有为说"谬谈自由,其为不可"(明夷,即康有为1906)等。保守派、改良派惧怕自由招来祸害,而革命派也不重视启民以自由思想,因为当时民族矛盾居于主要地位。

那么严复翻译 *On Liberty* 时是怀着怎样一种思想动机?

严译《群己权界论》出版于 1903 年,但据严复在"译凡例"中说,该书译成于 1899 年,由于"庚子之乱"而逃离京城时,译稿失落,三年后为友人拾得,才得物归原主[7],随后刊行。当时严复对自由的认识可以说正处于上述前后两个时期之间的转变时期。百日维新失败后的严复,思想上是苦闷的,专制压抑的气氛和思想言论自由的剥夺,可能促使他拿起 *On Liberty* 进行翻译(Schwartz 1964:131)。但是"庚子之乱"及其后动荡的局势使严复更加忧心忡忡,对"旦而言平等,夕而说自由"(《严复集》一,第117页)的"倡乱"之人,他不能忍受,认为必须对"自由"一说加以界定。在他看来,将 Mill 这本"为人分别何者必宜自繇,何者不可自繇"的著作介绍给国人是再合适不过的了。失落的译稿于 1903 年春寻回后,他只"略加改削",顾不上像以往那样加上按语[8]和请人作序[9],就于两三个月后付诸手民。在"译者序"中,他这样写道:

> "吾国考西政者日益众,于是自繇之说,常闻

---

7 据严璩《侯官严先生年谱》,《群己权界论》译稿丢失后,于1901年由一外国友人邮还。今从严复在"译凡例"中所说,该译稿为1903年春邮还。

8 严译八本西书,除《群学肄言》仅1条、《名学浅说》2条按语外,五本附有大量按语(《法意》和《原富》按语均300多条),独《群己权界论》无一条按语,只是每段有段意提示。

9 《群己权界论》之前及同一时期的严译均有他人写序,唯独该书没有。值得注意的是,该书除了没有写序、没有按语外,我们查阅严复1899年译该书之前到1903年该译著出版后几年间的书信、文章,未见一处提到《群己权界论》的翻译,而这一期间译的《原富》《群学肄言》《社会通诠》《穆勒名学》等均有提及。

于士大夫。顾竺旧者既惊怖其言，目为洪水猛兽之邪说，喜新者又恣肆泛滥，荡然不得其义之所归。以二者之皆讥，则取旧译英人穆勒氏书，颜曰《群己权界论》，畀手民印板以行于世。……学者必明乎己与群之权界，而后自繇之说乃可用耳。"

《论自由》中的自由思想就是这样出于启民从而救国之需——主要不是为了个性自由的发展，更不是为了限制社会对个人自由的干预——而介绍到 20 世纪初的中国[10]。这与前面所述 Mill 写作 On Liberty 的动机截然两样。

下面分析中村正直的自由观。

中村正直有着与严复相似的经历。他的汉文化功底深，眼界开阔，不局限于旧学问，能积极地向西方学术探寻，做审己知人的比较。他从伦敦回国后不几年，首译二书，即倡导自由。明治四年（**1871**）7 月下旬，译罢《自由之理》，他写下一个自序：

"是书所论正确与否，非我所知。或有人问，既不知，何译此书？对曰：世上所有论说，是也罢，非也罢，知之胜于不知。故英国及欧洲诸国皆广译他邦书籍。是书所论自由之理（或云自主之理），虽与吾国本无关系，然于欧罗巴诸国乃至关重大事理。故移译之，以期于探究外国政体人士或有裨益。"（参见中村正直 1872：1）

10　近代中国，严复最早系统论述自由问题，体现在他 1895 年上半年发表的一系列政论中。梁启超也论述过，并写有《自由书》（1899）、《新民说》（1902），但较严复晚。留日学生刊物《译书汇编》上刊登过马君武从日译转译的《弥勒约翰自由原理》，但该书在翻译时间上不及严复早。虽同于 1903 年出版，但马译是刊登在东京出版的留学生刊物上，严译是由商务印书馆正式出版。

这种求知于世界的精神可嘉，他认识到自由思想对于欧洲以及对于本国政治的重要性。不过，中村对自由的认识与严复的不同。他的自由观，或者说他倡导自由的意图，带有浓厚的伦理色彩和观念色彩，因此在自由的内在和外在两重意义上，他较重前者，即注重个体意识的解放和道德的自我修养与更新。

中村的这种自由认识的形成，除了他个人的知识结构的影响之外，还有社会的原因。1868 年，日本开启明治维新，旧的幕府统治被推翻，大政奉还于积极推进近代化的明治天皇政权。国家的危机感渐趋淡薄，政治伦理及种种新的思想越来越受到注意。明治初年最著名的启蒙思想家福泽谕吉 1866 年写出《西洋事情》初篇，1867 年写出《西洋事情》二篇及外篇，畅销几十万册，被誉为"明治前后流行最广的书籍"（参见冈野他家夫 1981；永田广志 1983：277），书中蕴含的西方自由思想由此传播开来。这样的社会大气候自然是当时的中国所不具备的。

这时的中村正过着恬静的乡居生活，教书之暇，他或与人交谈，或独自思索。在伦敦时对英国社会及其议会、政治制度的考察，特别是议员的品行正，社会的风俗美，人民的自主独立精神，给了他很深的感受[11]。于是，他翻译《西国立志编》，倡导为日本人所不具备的种种近代西方美德，批判日本人的旧习陈规（参见芳贺徹 1980/1988：284）；翻译《自由之理》，强调"欲品行才能之人多出于世，莫若培养人民独自一己者"（中村正直 1972：50），即培养有自由意识的人，使社会日臻进步。在中村看来，这才是英国所以富强之秘诀，因而是吸取西方文化之首选[12]。

对西方自由思想的受容（摄取），中村有自己的特点。他在"古今东西一致道德之说"文中这样解释自由：

"西洋自由之本义，……即首在获得道心（天

---

11 中村在"自叙千字文"中以很大篇幅叙述了在英国时的考察观感。参见高桥昌郎，1966：46。

12 中村正直同福泽谕吉都认为必须使日本人民接受新型的西方道德，日本才能成为文明先进国。参见 Huang 1972。

理）之自由，勿为人心（人欲）之奴隶。此种自由，究其实，乃修身亦即自治之根本。福祥之本源系于此，家国之基础系于此，此诚古今东西道德一致之一证也。"（参见大久保利谦 1967：333）。

中村解释了西方的自由概念，并将自由在道德意义上加以发挥，寻求东西道德的结合。另一方面，他又认为：

"所谓自由，决无损伤纲常伦理之意。自由乃善政之下受辖于贤智之意，乃甘心服从于为普遍利益所设之法规之意。"（同上：327）

这里，自由不仅没有从权力的拘束下解放出来的要素，反而强调了要服从贤政和一般的纲常、法规。这像是在讲道德，又像是在讲自由有限度（参见获原隆 1984：131-133）。

他翻译《自由之理》是怀有为道德修养之需要而宣扬自由思想的意图的。他为译本写的自序中说：

"此书论政府之权当有限界，明白详备，故余别举当无限量者言之。"

"夫爱不可有限量。上帝爱人无限量，故人亦当爱上帝、爱人无限量……天下之人，皆为神所造，与吾同。审思此，则亲爱之心淳然而生。……何谓爱人？曰，爱人如己，施贫者、救病者，贵不凌贱，多不暴寡，强不犯弱，大不侮小，宽弘而不猜忌，公平而不偏颇，真实而不诈伪，谦让而不骄矜，温厚而不暴慢；相交以衷，不相隐藏，相下以礼，不相侵悔，怜愚人而诱迪之，哀罪人而教诲之。爱同

侪则相推以赤心,悯敌己者,则施善以化之……"（中村正直 1972：18）

这里表现出他"敬天爱人"的道德观,宗教色彩很浓[13]。将它同严复为《群己权界论》写的译者序和译凡例相比较,一个将自由与道德并提,一个唯恐自由之界说不明而天下受其乱,二者的差别是明显的。

不过,中村上篇充满儒教泛爱思想的自序似不足以说明他译介自由思想的动机。在此之前一年所写的《西国立志编》第一编之序,更能反映中村正直从根本上摄取西方文化的哲人眼光。该序写道：

"余译是书,客有过而问者曰,子何不译兵书？余曰：子谓兵强则国赖以治安乎？且谓西国之强,由于兵乎？是大不然。夫西国之强,由于人民笃信天道,由于人民有自主之权,由于政宽法公。……斯迈尔斯（Samuel Smiles,即 *Self-help* 的作者）曰,国人强弱系于人民之品行。又曰,真实良善为品行之本。盖国者,人众相合之称,故人人品行正,则风俗美,风俗美,则一国协和,合成一体,强何足言。"（松本三之芥 1976：31）

在"书西国立志编后"中他又补充说："国之所以有自主之权,乃因人民有自主之权；人民之所以有自主之权,乃因其有自主之志行"（同上：36）。这也可视为中村译《自由之理》的出发点。

同时我们可以看出,在引进西方思想时,中村和严复一样怀着为本国寻求富强之路的动机,一本《自助论》,被他译为《西国立志编》。他认为"国之

13　有意味的是,《自由之理》收入《明治文化集》（共 14 卷）（东京株式会社原书房,1980）时被编入第 6 卷"宗教"部分。

强弱系于人民之品行"，所以要介绍西方近代政教风俗。不过，由于所处环境不同，他没有严复那样深重的民族危机感，因而更注重从伦理观念上培养人的自主自由意识。这是他与严复面对西方文化时所采取的不同态度。

就像福泽谕吉在传介西方文明时，首先注意到人的思想意识的革新一样，在明治开国之初，中村正直即以他的观察和学识，越过文化的外层（坚船利炮一类物质技术），抓住文化的中层（"政宽法公"），直至文化的深层[14]（人民的品行），这是他认识深刻之处。19世纪70年代的中国也有这样深刻的思想家，郭嵩焘和严复即是。郭指出中国要富强，首在立本；"本者何？纪纲法度、人心风俗是也"（参见郭廷以等编1971：993）。此与中村所见何其相似。可惜封建宗法的中国未给自己的智者以明治时代给予中村的那种社会环境，思想启蒙未能展开。

4．自由译名的考虑

中村正直和严复是在对英国社会有了感性认识、对西学有一定的了解之后从事"西学东渐"的。他们各怀启蒙国民的愿望，像普罗米修斯为人间盗来火种一般，从西方文化中汲取了自由思想，传之于本国。作为启蒙思想家，他们对于 *On Liberty* 的翻译，是不可能照本宣科、一译了之的。严复曾写道："窃以谓欲立一名，其深阔与原名相副者，舍计莫从。正名定议之事，非亲治其学通澈首尾者，其甘苦必未由共知"（《严复集》（三）：517-518）。这正如许国璋先生所论：

> "哲学著作的翻译家肩上负有完整介绍一种哲学体系的责任。他的责任超过翻译：他还必须要为自己的文化引进一种概念系统。因而，首先着眼的

---

14 此"三层"分析的思想，最早见于梁启超，他在"五十年来中国进化概论"中将近代中国学问进步分为三期："1.先从器物上感觉不足，……2.从制度上感觉不足，……3.便是从文化根本上感觉不足……"（梁启超1923）。关于文化分层，又见庞朴1986。

不宜是词而是它的定义，不必是符号施指而是符号
受指，不必是约定俗成而是立言立解。"（许国璋
1983）

　　中日两位译者都具有这种为自己的文化引进一种概念系统的责任感。翻译
On Liberty，首先遇到的就是 liberty 这个词的译名及其含义，因此我们先就"自
由"这一译名，考察他们如何"立言立解"。

　　"自由"二字，中文古已有之。近代中日两国以该词译 liberty 或 freedom
试图借此传达上述英文词的含义。然而如此一来，就产生了"自由"一词之原
义与新义不甚契合的问题。

　　严复解释自由一词说，"初义但云不为外物拘牵而已，无胜义亦无劣义也"
（《严复集》一，第 132 页）。

　　如柳子厚诗：破额山前碧玉流，骚人遥驻木兰舟。春风无限潇湘意，欲采
蘋花不自由。杜甫诗《晦日寻崔戢·李封》：出门无所待，徒步觉自由。杖藜
复恣意，免值公与侯。古诗《焦仲卿妻》：此妇无礼节，举动自专由。吾意久
怀忿，汝岂得自由。

　　可是，"字经俗用，最易流变"（同上）。本系中性的自由一词，处在受
礼教制约的文化体系中，便有"放诞、恣睢、无忌惮"诸劣义附属而生。

　　西文 liberty 和 freedom 含自主而不受拘牵之义，但更具有个性解放和不拘
于旧思想枷锁的近代观念。因此，以含"劣义"的"自由"一词，对译含有"胜
义"的 liberty，其勉强之处自然引起近代日中两国思想家的注意。

　　日语中的"自由"译名，最早出现于双语字典中。据日本学者柳父章（1982）
所考，日本的《和兰字汇》（1855—1858）中出现"自由"译名[15]。由于西学进
入中国比日本早，曾有大量英华、华英词典及汉译宗教书流入日本，使日本早

15　参见柳父章 1982：180。稍为晚出的『英和対訳袖珍辞書』（1862）
　　又继承了『和蘭字匯』，liberty 一条译为「自由，掛リ合ノナキ事」。

期双语词典受益[16]。如马礼逊的字典中，liberty 译为"自主之理"，另一《英华字典》（1847—1848）中，liberty 有"自主""自由"等译名。

但是启蒙思想家对"自由"译名持谨慎态度，如福泽谕吉在《西洋事情》中就写道："liberty，即所谓自由之义，但汉人所译自主、自专、自得、自若主宰、任意、宽容、从容等字，仍未尽达原词之意义"（参见柳父章 1982：181）。日本近代著名哲学家西周在所译《万国公法》（1868）中就未用"自由"而用"自主"译名。加藤弘之在其《立宪政体论》（1868）中则用"自主、自在"译名，如"思言自在权利"。他在其后的《真政大意》（1870）一书中，又使用另一译名"不羁"。到1871年，中村正直译出《自由之理》，由于该书流传很广，"自由"译名才基本上定下来（同上）。但如同上述几位学者，中村正直对"自由"译名也不抱十分确定的态度，而是非常审慎。实际上，在《自由之理》一书中，对 liberty 的翻译就有"人民自主ノ权""自主自立ノ权""自主ノ气象""自主ノ事""自由ノ权"等多种，而且"自主"使用次数高于"自由"（参见松沢弘阳 1975：35）。在《自由之理》出版后两年，中村写下"西学一斑"一文，其中有这样一条注："liberal politics，译为'宽弘之政学'"。于是，liberty 又有了"宽弘"这一译名。他在《明六杂志》第十二号上撰文写道："liberty 一词，我国和中国皆无相当者，马礼逊译之为自主之理，罗布存德译之为任意行之权。"接着他解释 liberty 为"人民得有随意行动的权利，除遵守公共利益和律法外，不受其他压制与拘束"（参见柳父章 1982：182-184）。虽然中村以后仍多用"自

---

16 马礼逊（R. Morrison）编的《英华字典》（1822）和罗布存德（W. Lobscheid）编的《英华字典》（1866—1869）给日本很大影响。据日本上智大学教授森冈健二考证，罗布存德《英华字典》（1866—1869）对日本译语影响最大，不仅《英和字典》（1872）、《附音插图英和字汇》（1873）中大量采用罗氏字典译语，而且中村正直翻译《西国立志编》和《自由之理》二书时即依靠该字典。《自由之理》中的译语同《英华字典》上的完全一致的就有：上帝、工匠、職分、利益、保護、商量、制造、道理、手工、侵占、恶弊、境界、意见、意思、剛勇、勉力、侮慢、轻慢、确知、談論、安宁、决断、判断、権勢、条約、計策、工人、管轄、交易、原由、福祉、倚頼、会友、対反、限制、德行、失望、弁論、教養、行為，等等。见文化庁编（1978/1979），『和語·漢語』中「明治の漢語」一文。

由"译名，但从这一译名确立的曲折过程可见，中村正直和其他启蒙学者在引进外来文化时，着眼于词，更着重于其定义。虽沿用了旧有汉语词，但赋之以新的含义和界说。

严复对自由所涵思想的界定和对"自由"译名的定义的确立，也非常严肃，多次予以讨论。在他看来，"既云科学，则其中所用字义，必须界线分明，不准丝毫含混。"（参见《严复集》（五）：1280）因此，他认为"欲论自由，自必先求此二字之义。又此二字名词，用于政治之中，非由我辈，乃自西人，自不得不考彼中用法之如何"（同上）。他叙述了西方英、法等国的自由概念，说"西人于此二字，其入于脑海甚深"（同上），只要谈到民生幸福，无不讲到自由，而且有个人与社会的自由和政界自由之分。至于中文自由二字，严复指出其本义为自主而无妨碍之义，但"名义一经俗用，久辄失真"（参见《严复集》（一）：132），后来附加上了"放诞、恣睢、无忌惮诸劣义"（同上），这是严复所指斥的。他翻译《群己权界论》时便特别说明"穆勒此篇，所释名义，只如其初（指中文自由初义）而止"（同上）。严复查考了中国古书，发现"政界自由之义，原为我国所不谈"（《严复集》（五）：1279），即治国不论民之自由问题。这样，西方意义上的自由，对于中国就是一个新的概念（如梁启超认为"今我国民智未开，明自由之真理者甚少"。语见《变法通议》，梁启超 1932）。因此，严复深感阐自由之真义责无旁贷。译毕 *On Liberty*，他特撰"译凡例"，择要介绍西方自由思想的几个重要概念，创用"自繇"译名，并将书名译为《群己权界论》。

关于为何用"自繇"译名，他解释说："由、繇二字，古相通假，今此译遇自繇字，皆作自繇，不作自由者，非以为古也。视其字依西文规例，本一玄名，非虚乃实，写为自繇，欲略示区别而已"（参见《严复集》（一）：133）。为避开已经俗用的恶义纷集的"自由"一词，严复特意寻出一个通假的古字，以便使"自繇"一词较为严肃，具有西方对应词所含的意义，其用心可谓良苦。日本铃木修次不解其意，以为是欲区别于日本的"自由"译名，以夸示中国是"文字之国"（铃木修次 1981：167）。其实是他误解。

梁启超也注意到"自由"译名问题，他曾致函康有为，讨论自由译名：

"若夫自由二字，夫子谓其翻译不妥或尚可，
至诋其意则万万不可也……"

　　"至自由二字，字面上似稍有语病，弟子欲易
之以自主，然自主又有自主之义，又欲易之以自治，
自治二字，似颇善矣。自治含有二义：一者不受治
于他人之义，二者真能治自己之义。既真能治自己
而何有侵人自由之事乎？"[17]

　　可见不只严复，中日两国启蒙学者对自由译名都是慎之又慎的。

　　至于严复将译著题名《群己权界论》，那显然是出于他当时对自由之说在
中国的现状的忧虑。在他看来，谈论自由首先必须弄清楚个人与社会之间自由
的界限，因此"群己权界"就被他摆到这本译书的醒目的首要的位置。关于这
一点，不少学者认为他将《自由论》译为《群己权界论》[18]，是为避开"自由"
二字[19]，表明他思想保守，这种评论恐怕失于简单。Mill 阐述的是有界限的自由，
界限内的自由（特别是个人自由）必须充分。但当时的中国，明了自由思想全
义的人很少，严复出于立言的考虑，译名《群己权界论》，以示与世俗的所谓
"自由"有实质上的不同。再者，严复认为，欲言自由，必先明群己之权界，

17　梁启超"致南海夫子大人书"（光绪二十六年四月初一）以二千五百
　　言专辩自由之义。见丁文江、赵丰田（编），1983：236-237。

18　鲁迅、蔡元培、贺麟、周振甫等都说过严复初译稿名《自由论》，后改为《群
　　己权界论》，但不知何处证实严译初名《自由论》。

19　贺麟在《严复的翻译》文中说，严复"……把四年前旧译穆勒的 On
　　Liberty，特避去自由二字，改作《群己权界论》"；李泽厚"论严复"
　　说，严"出版时却改名为《群己权界论》，连'自由'一词也不愿提"
　　（以上两篇文章见商务印书馆编，1984）。蔡元培在"五十年来中国
　　之哲学"文中说："严氏译《天演论》的时候，本来算激进派，听说他
　　常常说'尊民叛君，尊今叛古'八个字的主义。后来他看的激进的多了，
　　反有点保守的样子。他在民国纪元前九年，把他四年前旧译穆勒的 On
　　Liberty，特避去'自由'二字，名作《群己权界论》"（见申报馆，《最
　　近之五十年》）。鲁迅也说严复把旧译"不知怎地又改称为《权界》，
　　连书名也很费解了"（鲁迅 1927：380）。

这与他一贯认为的"民欲自由，必自其各能自治始"（参见《严复集》（一）：27）的观点是一致的，即明确了群己权界，才算弄懂自由真义，从而提高人的自治能力，得到真正的自由。

5. 译本与译者心态分析

下面我们试述两位译者的翻译。先作一简评，再结合一些实例考察译文和译名，然后对译者所作的按语、注解详加分析和比较，以观其心态。

严复为译，自拟信、达、雅为衡准。早期译述《天演论》属于特例，其后期译著较为严格，自认为"字字如戥子称出"。至于《群己权界论》，他申明：

> "原书文理颇深，意繁句重，若依文作译，必至难索解人，故不得不略为颠倒，此以中文译西书定法也。西人文法，本与中国迥殊，如此书穆勒原序一篇可见。海内读吾译者，往往以不可猝解，訾其艰深，不知原书之难，且实过之。理本奥衍，与不佞文字固无涉也。"（同上：134）

以古雅文字翻译，不拘原文句法，是严复一贯译书之道，因为"理之精者不能载以粗犷之词，而情之正者不可达以鄙倍之气"（同上：516）。《群己权界论》也不例外，只是由于它比较信守原文，似更艰深一些。鲁迅追忆说："据我所记得，译得最费力，也令人看起来最吃力的，是《穆勒名学》和《群己权界论》的一篇作者自序。"（参见鲁迅 1927：380）

胡适对《群己权界论》的译文评价很高。他说："严复的译书，有几种——《天演论》，《群己权界论》，《群学肄言》——在原文本有文学价值，他的译本在古文学史上也应该占一个很高的地位。"（参见胡适 1923）

胡先骕评论说："吾尝取《群己权界论》，《社会通诠》，与原文对观，见其义无不达，句无賸义。"（参见贺麟 1982：33）

应该说，该书在严译诸书中还是比较严格按原文译的，大的增删改动也很少见。比较反常的是，该书是严译诸书中唯一没有按语的，只是在每段开头加个脚注，标示该段要旨[20]。这可能与《群己权界论》译稿 1903 年春寻回后，6 月即匆匆付之出版有关。可推测，严复的翻译，初稿并不一定同时加注释和按语，如《天演论》的 1895 年手稿中，按语仅 7 条，字数也少，而 1898 年正式出版时，按语已增至 28 条，原有 7 条均扩充，篇幅增加了许多[21]。《群己权界论》很可能仅于发排前，严复过目修改时，随手加上段落要点作为脚注[22]。

中村正直所做的启蒙翻译同严复有许多不约而同之处。从中村的经历和所受教育看，他的英文程度差强人意。中村自己曾对东京大学学生三宅雄次郎回顾说，Mill 的 *On Liberty* 不同于 Smiles 的 *Self-help*，不懂之处俯拾皆是（松泽弘阳 1975：36）。其翻译之苦由这段话可以推知。当时的日本，对外国文化的需要非常迫切，不少学过外文的人大量而迅速地翻译各种书刊，形成一种在内容和形式上都很随意的所谓"豪杰译"。但作为启蒙学者的中村不然。他的翻译除有些删节外，尽量做到忠实，译稿总是几经修改，为使读者容易领会还细心地加上评注（同上：23-24）。他采用和汉混用文体，以雅正、畅达的文字进行翻译[23]。在翻译严肃的、富有哲理的学术著作时，有学问的译者总会使用蕴意较深的庄重古雅的语句，这是带有普遍性的[24]。与严复第一本译著《天演论》（*Evolution and Ethics*）颇为相似的是：中村正直的第一本译著《西国立志编》也改动了原作书名（*Self-help*，《自助论》），书内各编加上了大段的译者序（按语），对原作做了较大删改。日本学者松泽弘阳认为是考虑到读者的知识与兴

20　与《群己权界论》同年出版的《群学肄言》仅有 1 条按语，亦采用段落提示脚注，但远不及前书多。

21　此系笔者从《严复集》中所收《天演论》两个版本进行比较、统计而得出。

22　这或许反映严复此时不那么看重自由思想了？或是急于出版？

23　参见松泽弘阳 1975；山下重一 1973。『明治·大正翻訳史』书中也指出，"明治初年的启蒙思想家皆以和汉混合体译书，如西村茂树……福泽谕吉，特别是中村正直。"（吉武好孝 1959：15-16）

24　不仅近代中日译者如此，G. Steiner 指出以古雅文笔译哲学、历史书籍，在翻译史上屡见不鲜（Steiner 1975：345-346）。

趣，对无关宏旨的部分加以删削。（参见松沢弘阳，1975：31），而且对原书重要词句以儒教经典中来的汉语词语或成语对译；这些相似点实为中日近代翻译史上一个有趣的现象。不过，《自由之理》对原文删改不如前书多，也未加大段按语，而是在栏外加有许多简短评语或要点提示。译法上，不是逐句对译，而求简洁达意，译语古雅，多用汉字。

关于译文，我们不妨以 *On Liberty* 第二章首段之一部分和第一章第三段这两个实例，考察和比较中村正直与严复的翻译。

（1）*On Liberty* 第二章首段（部分）

原文：

> But I deny the right of the people to exercise such coercion, either by themselves or by their government. The power itself is illegitimate. The best government has no more title to it than the worst. It is as noxious, or more noxious, when exerted in accordance with public opinion, than when in opposition to it. If all mankind minus one, were of one opinion, and only one person were of the contrary opinion, mankind would be no more justified in silencing that one person, than he, if he had the power, would be justified in silencing mankind... But the peculiar evil of silencing the expression of an opinion is, that it is robbing the human race; posterity as well as the existing generation; those who dissent from the opinion, still more than those who hold it. If the opinion is right, they are deprived of the opportunity of exchanging error for truth: if wrong, they lose, what is almost as great a benefit, the clearer perception and livelier

impression of truth, produced by its collision with error. （第 23—24 页）

中村译文：

答テ曰ク、然ラズ、人民ト官府トノ差別ナク、凡ソカクノ如キ強迫禁阻ノ事ヲ行フハ，當然ノ道ニ非ズ。権勢トイヘルコト、畢竟道理ニ合ハズ、極善ノ官府ニテモ、権勢ヲ用フレバ、極悪ノ官府ト稱ヤラルパシ。官府ニテ、国人ノ衆論ニ一致シ、権勢ヲ行フハ、ソノ邪悪タルコト、衆論ニ抗抵スルヨリモ甚シトス。タトイ、天下ノ人，意見ミナ同一ニシテ、独リ一人ノ意見異ナリトモ、コノ一人ヲ圧抑シソノロヲ閉テ言フヲ得ザラシムレバ、大ニ公義ニ叛ケリ。…コノ新説異見ヲ禁圧シ発言スルヲ得セシメザルノ大害ハ、単特奇抜ニシテ、他ニ比類アルバカラズ。コノ害ハ、人類ヲ賊ヌヒ、今世ノ人ヲ奪ヒ、後世ノ人ヲ害スルナリ。蓋シソノ禁ズル異説、設是ナラバ、コレ天下ニ是ナル道理ノ現ルル好機会ヲ奪フナリ。ソノ禁ズル新見、設非ナラパ、コレソノ謬誤ト相ヒ触レテ真理マスマス明白ナルヲ得ル大利益ヲ失ナラリ。（第 19 页）

严复译文：

盖不佞之意以谓，凡在思想言行之域，以众同而禁一异者，无所往而合于公理，其权力之所出，无论其为国会，其为政府，用之如是，皆为悖逆。

不独专制政府其行此为非，即民主共和行此亦无有
是。依于公信，而禁独伸之议者，其为恶浮于违众
议而禁公是之言。就使过去来三世之人，所言皆同，
而一人独持其异，前之诸同，不得夺其一异而使同，
犹后之一异，不得强其诸同以从异也。……义理言
论，乃大不然，有或标其一说，而操柄者禁不使宣，
将其害周遍于人类，近之其所被者在同世，远之其
所被者在后人。与之同者，固所害也，与之异者，
被害尤深。其所言为是，则禁之者使天下后世无由
得是以救非，其所言为非，则禁之者使天下后世无
由得非以明是。盖事理之际，是惟得非，而后其为
是愈显，其义乃愈不刊……（第 17—18 页）

对照读来，中村的译文基本正确，表达了原作意思。如"设天下之人意见
同一，独有一人持异议……"一句，及最后一句"设所禁之异说为是……"都
译得不错。但这两句中也有删减。如前一句中说以天下众人意见压一人之异议
有违公义，而未表达出原文"全人类同一意见压抑一人意见并不比一人意见压
抑全人类共同意见更正当"之意，于原文有亏；后一句译"……使天下失去正
确义理存现的好机会"，与原文"……使他们失去以真理更换谬误的机会"之
意也有参差。此外，中间"压制人发表个人意见之危害……"一句中，其危害
"对压制者更甚于对持意见者"未译出。可见中村的翻译删改不少，原意也有
所损失。再如将 government（政府）译为"官府"，有将两种制度下的政权机
构相混之弊。

严译精彩之处在后半部分。中村中间删减的一句，严复未减："与之同者
固所害也，与之异者，被害尤深"。上举中村译文前一句所减之意，严译完整：
"（前之诸同，不得夺其一异而使同，）犹后之一异，不得强其诸同以从异也。"
特别是严译"其所言为是，则禁之者使天下后世无由得是以救非，其所言为非，
则禁之者使天下后世无由得非以明是"一句，实为移译之上品，无怪乎李大钊

十几年后撰文时还引用这段佳译。此外，他将 public opinion（舆论；严复有时译为"清议"）译为"公信"，将 all mankind（全人类）活译为"过去来三世之人"，又将 the best government 和 the worst（最好的政府和最坏的政府）具体化译为"民主共和"与"专制政府"，大体符合原意。但原文中有一句，无论是人民还是其政府都无权利压制人言，严复译为这种压制之所出，"无论其为国会，其为政府……"将人民本身译为国会，是不准确的。

（2）*On Liberty* 第一章第三段

原文：

> In that way alone, it seemed, could they have complete security that the powers of government would never be abused to their disadvantage. By degrees, this new demand for elective and temporary rulers became the prominant object of the exertions of the popular party, wherever any such party existed; and superseded, to a considerable extent, the previous efforts to limit the power of rulers. （第 7 页）

该文意如严译：

> 夫惟如是，而后政府虐民之事，可以无有，而国民之势，乃以常安。挽近各国民党所力求者，皆此选主任君之治制。而前所谓节损君权立之限域者，又其次已。（第 5 页）

但中村译文为：

> サレバ、人民ノ選ベル官員ニテ、組ミ立チタ

ル政府ナレバ、政府ノ権勢ハ、決シテ人民ノ為ニ
不便ナルモノトハナラザルベシト。カクノ如キ説
流行スルニ従ヒ、人民ノ意ニ合ハル人ヲ択ビ、暫
時ノ人牧ト為ンコトヲ希望スルコトトハナレリ。

（第 9 页）

显然，中村译文删去了原文最后一句。popular party 误译为"流行"（严译民党）。确保政府权力不致滥用到危害人民一句，中村译为"……对人民不便（或不利）"，也嫌不足。

中村的译文对原文删减较多，尤其是第五章，不需再列举。严译中删减少见，而带解释性的增益不少。如第一章第九段原文为：... the sole end for which mankind are warranted, individually or collectively, in interfering with the liberty of action of any of their number, is self-protection.（第 15 页）

严译为："今夫人类，所可以己于人者无他，曰吾以保吾之生云耳。其所谓己者，一人可也，一国可也；其所谓人者，一人可也，一国可也；干之云者，使不得惟所欲为；而生者，性命财产其最著也。"（第 10—11 页）

译文的前一句已基本译出原文意思，后一长句属解释性增益。后句中，前两个"……者，……"还可视为对 individually（个人）和 collectively（众人）的释译，而后两个"……者，……"实为强调性增益，也表现出严复对权限的重视。

简言之，上述译例的中、日文本，都基本上传达了原著思想，译文畅达。中村译文有几处删减，于原文略有所亏；严复译文删减处少见，而略有增益，含解释性意义，从中可以透视译者心态。

关于译名问题，日本学者柳父章、山下重一等人做过一些可贵的研究（山下重一 1972，1973；石田雄 1976；柳父章 1982）。*On Liberty* 译本的几个重要的词，如"自由"，前面已讨论过，下面评述 society、individual 等词语的翻译。

英国作为一个先进国家，即所谓"民智已开"，个人与社会间自由界限的问题已经出现，但是在当时的日本和中国，社会进步程度尚低，与个人相对

的 society，就不易找出对译词，字典中也没有合适的词[25]。中村正直觉得棘手，尝试了许多译名，如译为"人伦交际上""仲间连中即チ政府""仲间""仲间会社""仲间会所""会社""世俗"，甚至译作"政府""国"等。为了说明何谓"仲间连中"，中村加了长达数百字的注，说它好比一国之中作为一个整体的百户之村；又说它"即政府"，或有时干脆译为"政府"，因为在他看来，当时与个人相对的、能约束个人自由的就是政府。不过这样易将 society 同 government 相混，于是后者有时就被译为"官府"。一种新的文化概念最初输入时，这种变形或走样多少不可避免。从中村正直上述众多译名中，人们还是可以感觉到 society 是一种介乎政府和世俗群体间的力量或组织。

到严复译《群己权界论》的年代，日本已厘定 society 的译名为"社会"，可是严复用得谨慎。一是严复对日本的西学持怀疑态度，认为日本虽"盛有译著，其名义可决其未安也，其考订可卜其未密也"[26]。二是严复自有定义："民生有群。群也者，人道所不能外也。群有数等，社会者，有法之群也。"（《严复集》一，第125页）即"群"是包括"社会"在内的更广泛的概念。因此严复将 society（或 social）译为"群""国群""群理""社会"等。在《群己权界论》的"译凡例"中，严复略论各章内容时写道："贵族之治，则民对贵族而争自繇；专制之治，则民对君上而争自繇；乃至立宪民主，其所对而争自繇者，非贵族非君上。贵族君上，于此之时，同束于法制之中，固无从以肆虐。故所与争者乃在社会，乃在国群，乃在流俗。"这表明严复对社会制度等文化概念十分明晰。但是"国群"一词有毛病，因为"国"显然是有组织有法规的社会，它与严复

25　揭柳父章（1982），在中村译书以前的字典中，society 有"仲、间、组、连中、社中"等译名，到1873年（《自由之理》出版后）出的『附音插图英和字汇』中，还只有"会社""连众""交际""合同"等译名，"社会"一词仍未出现。明治初年，福泽谕吉将 society 译为"人间交际"，对中村的译词"人伦交际"可能有影响。

26　1902年，严复致函《外交报》主人说："今求泰西二三千年孳乳演迤之学术，于三十年勤苦仅得之日本，虽其盛有译著，其名义可决其未安也，其考订可卜其未密也。乃徒以近我之故，沛然率天下学者群而趋之，世有无志而不好学如此者乎？侏儒问径天高于修人，以其愈己而遂信之。"见《严复集》（三），第561页。

概念中的"群"是有区别的，合成一词似类属不明。

关于 individual，中村的译名是"独自一个""独自一己"，而严译为"小己""一己"，个人自由译为"行己自繇"。中村的译名强调"独自"，切合原词义，具有个体意识，与他倡导自由的思想合拍。严复的"小己"等译名，不具独立的个体的意思，相对于中村的译名来说，缺乏近代意识。既然个人为"小"，那么国家、社会就为"大"，有"小"应服从"大"之感，与唤醒主体意识的自由思想不相配。[27]

Mill 列举的三类自由：liberty of conscience，liberty of tastes and pursuits，liberty of combination among individuals，中村译为"是非之心的自由""好尚和职业的自由"和"联合交结的自由"，唯第一条不太贴切。严复将三者译为"意念自繇""行己自繇"和"气类自繇"，其第二条不当，且与他译个人自由时使用的"行己自繇"相混；第三条"气类自繇"让人顾名而不得其义。原文第4页上有"political liberty"（政治自由）和"political rights"（政治权利）两词，中村竟未译，而严复分别译为"自繇国典"和"民直"，不够准确、通达。看来，严复译名不无因雅伤达之处。

最值得注意的是中村正直译文中的按语和严复译文中的提示性脚注，由此可以看出两位译者对原著的认识和各自的着重点。

On Liberty 一书共五章，请看下表所列两本译著的各章中按语和注的条数。

	严复	中村正直
第一章	16（+3）[①]	13
第二章	38（+1）	59
第三章	18（-1）[②]（+6）	49
第四章	18（-2）（+1）	36
第五章	18（-4）（+4）	20
合计	108（-7）（+15）	187[③]

注 ① （+n）表示段意提示之外的地名、人名、事件一类注释的条目。
　　② （-n）表示未加段意提示的段数。
　　③ 笔者所据『自由之理』文本缺失中村正直唯一一条不同意 Mill 观点的重要按语，故按语总数应为 188。

27　在《群己权界论》第四章中有一句"盖一民之生，社会于彼尝有无穷之节制，龆龄以往，弱冠以前，凡以扶植此民，养其自治之风力者，社会既全而有之矣。"严复对此句加有一注，说，"此社会二字自兼父师而言"（严复 1903/1981：88）。"社会"者，父师，"小己"之地位可以想见。

中村正直给《自由之理》各章所加的按语，从条数上看，第二章有 59 条，但该章也是全书最长的一章，译文有 25 页。而第三章仅 14 页，就有 49 条按语，密度最大（49 条 /14 页）。这一章正是中村正直着重点所在，它所论述的个性的发展有益于社会进步和人类幸福，正符合中村翻译《自由之理》以呼吁个性解放、导人向善的意图。第三章成为中村的重点，不仅是由于此章所加按语数量多，而且按语中大量的溢美之辞，也表明中村对此章最为称道。

中村正直所加按语，也可称为评语，主要有两类：一是赞同之辞，二是引出或概括出重要话语，使之更为醒豁。二者显然都反映出译者的态度（除按语外，中村还对其他较为重要之处加上圈、点，以示突出）。

请看第三章中的按语 [28]。

在第 44 页上（本文所据版本见"参考文献"），译文中有一句"凡以他人传统或习俗为行动准则而不依本人特性行事之处，必缺人类幸福之根本要素，此亦造就个人上进并使社会进步之根本要素"，中村对此说极为赞赏，加以"绝顶识见"的按语，鼓励和提倡个性自由。

在第 50 页上，中村的译文为"古往今来总有新真理之发现者。不仅有识往昔之非者，还有创新风俗新行为、立旧日所无之高尚品行、开人世之新思想者"；他加上"此一段义理极深"的赞评，肯定人的首创精神。

在第 55 页上，在翻译了"正唯有异同，使人可相互观之，或取人之长补己之短，或合二者所长，创益善之德行"句后（中村此处译文于原文还稍有增益，反映出他对此句的重视），中村按曰："东西一辙，古今同叹"（下文有比较中国与欧洲的事例）。

该章最后一句为：Mankind speedily become unable to conceive diversity, when they have been for some time unaccustomed to see it（俟人类安于无异既久，其思异之心便不复存）.中村译完此句，不禁加按，深感"作者忧世之意，溢于笔墨"。意犹未尽，他竟又挥笔自添一句："如此则无以振兴独自一己者"。译者忧世

28　中村的按语不同于他的译文，多用汉字写成。下面主要分析按语，因此所引中村日译文，已由笔者译成汉语，而所引"按语"，系中村原文。

之意，亦见诸笔端。

以上是中村正直在第三章中所加"赞同之辞"的例子。下面再考察一下中村的第二类按语，看他把什么样的语句提出来作为栏外按语，使之醒豁。

在第46页上，中村特引出"前人论说品行风俗规矩，后人不必遵从可也"一句。旧伦理道德，往往是人们心中无形的桎梏，中村强调上句，表明他对旧思想桎梏的痛恨。

在第48页上，中村引出的重要语句是"今日之危害者，在于人民各个气力之不足"，即个性的泯灭，是社会进步的潜在危害，中村提出此句以告诫世人。

与上句对应，在第49页上，中村以按语概述的句子是"独一者争进，则世道日进"，反映出中村充分肯定个性及其对社会的积极作用的心态。

紧接前段，Mill以一句话概括上一段之大意，中村仍不放过，再次引入按语："欲有品行才能之人多出于世，莫若培养人民独自一己者"。可见中村对个性培养之看重。

优秀人才如何培养自然也是中村正直所关心的。在第51页上，他引出"英才之人，非自由之地不能生"一句作为提示性按语，点出杰出个性与自由背景的关系。

由上述按例的考察可见，在论述个性自由的第三章中，译者中村正直不仅加有许多按语，自己的思想也融入其中，极力宣扬个性自由及其对社会进步的意义，这便是中村翻译此书的重点或倾向所在。

严复翻译此书的着眼点何在？

严复没加任何按语，但从段意提示脚注中的话语和译著书名，可以看出严复最为关心的是书中论述的"群己权界"问题。

如《群己权界论》第6页上有一提示："以下言所以必明群己之权界"；另有一提示："以下言是非之无定，故自繇之权界难以竟立"。第9页上的提示为"以下言权界不清，故上下交失"。第10页上的提示为"以下言标出自繇大义，而群己权界自明"。[29]第81页上还有两处注示"以下标明权限分界"。

---

29 严复对该段很看重，中村对该段却未加评注；这也可证明二人兴趣不同。

严复关于"权界"的提注真可谓多也，而中村几乎不注意"界"，更不提群与己之间的权界问题，这里可以看出二人之偏重不同。

接下来，仔细阅读严复提示为"所以必明群己之权界"的一段（第6页），我们发现这段论述的主要是社会和舆论对个人的约束必须有限度，否则会束缚个性的发展，即论述了所谓"群"的界限，并未谈到"己"的界限。如中村正直对此段的按语是："无论君治民治之国，政府之权不可不限"。

第四章的开头两小段，严复加注的提示是"标明权限分界"。对照原文，我们可以觉察"分界"之意被严复强化了。"是之分界，固必有其可言者"和"二者权力之分界，亦易明也"二句，为原文所没有，是译文对原文意思的强调性增益。中村正直对这两小段未加任何按语。

第四章题为 Of the limits to the authority of society over the individual（论社会对个人施加权威之限度）。中村正直对此题的译文同原文意思一样，而严复译为"论国群小己权限之分界"。Mill 关注的是社会制约个人时要注意适当，不可越界，严复笔下译文所关注的却是两方都要注意界限，使个人自由的界限也受到强调，借以告诫喜新者不可恣意妄为，守旧者也不必视自由之说为洪水猛兽。这里可以看出严译的担心或用心所在。既然英国思想家都在论述自由的界限，落后的中国民智未开，就更不可不讲自由的界限了。

严译中还反映出进化论思想的影响。在"译凡例"中，他引斯宾塞的观点来解释自由："人道所以必得自繇者，盖不自繇则善恶功罪，皆非己出，而仅有幸不幸可言，而民德亦无由演进。故惟与以自繇，而天择为用，斯郅治有必成之一日。"显然还是"适者生存"的思想在左右他的自由观。传播西方自由思想是为了新民德，归根结底是为了民族的发展。Schwartz（1964:97）正确地指出，严复内心对国家富强的热切关注，不自觉地钻进了他的意译当中。如在《群己权界论》第 68 页上，他给下面一段的题注是"以下言民少特操，其国必衰之理"，然而 Mill 在这段中只是讲人的个性发展应当保护，并未讲到它对于一国盛衰的关系。实际上，全书似乎也仅仅在最后一段讲到个人自由对国家的益处。Mill 论述个人自由，只就个人发展而言，主要不是为社会或国家之益，所以 Schwartz（同上：141）说 Mill 是把个人自由作为终极目标（as an end）提出，而严复讲个人自由，想的是增进民德，进而为了国家前途。不过，更确切地说，严复传播自由思想，第一步是明确自由的群己权界，即权界→自治→自由→国家富强，这与他的"三民"主张是吻合的[30]。

6. 结语

本文从各个方面考察和分析了两位译者及其译作摄取西方自由思想的过程和特点。由于译者的认识不同，文化使命不同，也由于他们所处环境不同，他们对 Mill《论自由》一书思想内容的摄取重点和他们翻译此书所要达到的目的随之而不同。Mill 书中对个性自由和思想言论自由的热烈主张，与中村正直的意愿正相符合，他翻译此书，就是使它成为明治维新时期人民从封建的和旧意识的枷锁下解放出来的启蒙福音书。而严复，他既有倡导自由的启蒙者意识，又有"救亡图存""利国善群"的考虑。面对两千多年宗法礼教禁锢下的中国，外患内忧的中国，严复的心情是复杂的。他一方面介绍关于自由的新学说，一方面又怀着自由若无限制则国将不国的担心。他选择了折中的办法，将"自由"这一概念从一开头就给予规定性极强的界说，将"自由论"译成"群己权界论"。

对于这一通过译书摄取异文化的过程，还有三点需要提起注意。

1）西方和东方的人文主义文化传统不同。西方把人视为理性的、有独立意志的个体，能对自己的命运负责；由此生发出自由、平等、权利等观念。东方（特别是中国）则从社会整体上把握人的概念，认为人首先是群体中的一分子，同群体密切相关（参见复旦大学历史系编 1987: 51）；由此生发出仁、义、礼、智、信等伦理观念。这一差异是东方特别是中国接受西方自由思想时注重从群体和国家的利益来认识和摄取的重要原因之一。

2）中村正直与严复对《论自由》思想内容的摄取重点不同，与他们的知识结构有关。主要的一点是，中村接触西方思想始于 Samuel Smiles 的 *Self-help*

---

30 严复曾说英国"民之能自治而自由者，皆其力、其智、其德诚优者也"，因此提出要"鼓民力、开民智、新民德"（《严复集》一，第 27 页）。

（《自助论》，中村译为《西国立志编》），这使他从培养人的自主志行来认识自由学说。严复则是从进化论开始接受西方思想，优胜劣败的思想和对民族存亡的关注，使他无论是传播西方自由学说，还是引进其他学术时，都首先从国家的立场考虑，因此他重视阐明自由的权界，使自由不致成为猖乱从而导致国家衰败的根源。

3）中日两国所处环境不同。日本是在明治维新走向近代化的氛围中从容接受西方思想的，中国是在遭西方大国欺压、民族危机严重的情势下认识西学的，而且中国本身有深长的文化传统，这就注定中国是在牢牢守住自身文化的心态中摄取西方文化的。

这里我们可以看出一个很有意义的知识社会学课题：前两点规定和影响接受者的知识结构，后一点为时代—社会环境，两者决定了接受者的社会行为。在本研究中，这一社会行为就表现为两位译者对西方自由思想的摄取。

要全面地理解外来文化的摄取过程和性质，必须进一步研究接受环境，即包括译者（其经历和知识结构）、读者（译著的影响）和国情的整个社会基本状况。这是另文 "*On Liberty* 在东方的接受环境" 的主要内容。

参考文献

- 丁文江, 赵丰田. 梁启超年谱长编 [M]. 上海：上海人民出版社, 1983.

- 费正清等. 剑桥中国晚清史 [M]. 北京：中国社会科学出版社, 1985.

- 复旦大学历史系. 中国传统文化的再估计——首届国际中国文化学术讨论会（1986）文集 [C]. 上海：上海人民出版社, 1987.

- 郭嵩焘. 伦敦与巴黎日记 [M]. 长沙：岳麓书社, 1984.

- 郭廷以等. 郭嵩焘先生年谱 [M]. 台北：台湾"中央研究院近代史研究所", 1971.

- 郭湛波. 近五十年中国思想史 [M]. 北京：北平人文书店, 1936.

- 何晓明. 严复与近代思想启蒙 [J]. 福建论坛（人文社会科学版）, 1986（2）：1-9.

- 贺麟. 严复的翻译 [M]// 商务印书馆编辑部. 论严复与严译名著. 北京：商务印书馆, 1982.

- 胡适. 五十年来中国之文学 [M]// 申报馆. 最近之五十年. 上海：申报馆, 1923.

- 黄仁宇. 万历十五年 [M]. 北京：中华书局, 1982.

- 近代日本思想史研究会. 近代日本思想史 [M]. 北京：商务印书馆, 1983.

- 李泽厚. 中国近代思想史论 [M]. 北京：人民出版社, 1979.

- 梁启超. 五十年来中国进化概论 [M]// 申报馆. 最近之五十年. 上海：申报馆, 1923.

- 梁启超. 饮冰室合集 [G]. 上海：中华书局, 1936.

- 鲁迅. 鲁迅全集 [G]. 北京：人民文学出版社, 1981.

- 马祖毅. 中国翻译简史 "五四"运动以前部分 [M]. 北京：中国对外翻译出版公司, 1984.

- 明夷（康有为）. 法国革命史论 [N]. 新民丛报, 1906（85, 87）.

- 穆勒. 群己权界论 [M]. 北京：商务印书馆, 1981.

- 庞朴. 文化结构与近代中国 [J]. 中国社会科学, 1986（5）：81-98.

- 商务印书馆编辑部. 论严复与严译名著 [M]. 北京：商务印书馆, 1982.

- 石峻. 中国近代思想史参考资料简编 [M]. 北京：生活·读书·新

知三联书店，1957.

- 谭汝谦. 中国译日本书综合目录 [M]. 香港：中文大学出版社，
  1981.

- 汤志钧. 戊戌变法史论丛 [M]. 武汉：湖北人民出版社，1957.

- 王蘧常，何炳松. 严几道年谱 [M]. 北京：商务印书馆，1936.

- 王栻. 严复传 [M]. 上海：上海人民出版社，1957.

- 汪向荣. 中国的近代化与日本 [M]. 长沙：湖南人民出版社，
  1987.

- 许国璋. 关于索绪尔的两本书 [J]. 国外语言学，1983（1）：1-18.

- 严复. 严复集 [G]. 王栻，编. 北京：中华书局，1986.

- 佚名. 三乘槎客自由界说 [N]. 申报，1904-04-11.

- 佚名. 再续三乘槎客自由界说 [N]. 申报，1904-04-14.

- 易升运. 试论严复的自由观 [J]. 福建论坛（人文社会科学版），
  1986（4）：51-54.

- 永田广志. 日本哲学思想史 [M]. 北京：商务印书馆，1983.

- 张枬，王忍之. 辛亥革命前十年间时论选集（第一卷）[G]. 北京：
  生活·读书·新知三联书店，1960.

- 张枬，王忍之. 辛亥革命前十年间时论选集（第二卷）[G]. 北京：
  生活·读书·新知三联书店，1963.

- 张枬，王忍之. 辛亥革命前十年间时论选集（第三卷）[G]. 北京：
  生活·读书·新知三联书店，1977.

- MILL J S. Three essays (on liberty, etc.) [M]. Oxford:
  Oxford University Press, 1859/1981.

- COHEN P A. Discovering history in China [M]. New York:
  Columbia University Press, 1984.

- HUANG P. C. Liang Ch'i-ch'ao and modern Chinese
  liberalism [M]. Seattle & London: University of Washington
  Press, 1972.

- SCHWARTZ B. In search of wealth and power: Yen Fu and
  the west [M]. Cambridge, Mass.: Harvard University Press,
  1964.

- STEINER G. After Babel: aspects of language and translation
  [M]. Oxford: Oxford University Press, 1975.

- 中村正直（訳）. 自由之理 [G]// 明治文化全集（二）『自由民
  権篇』. 東京：日本評論社，1927/1967.

- 小野川秀美. 清末政治思想研究 [M]. 東京：みすず書房，
  1969/1984.

- 山下重一. 中村敬宇訳『自由之理』について [J]// 国学院大学 栃木短期大学紀要，1972.

- 山下重一. 明治初期におけるミルの受容 [J]. 思想，1973.

- 大久保利謙. 明治啓蒙思想集（明治文学全集 3）[G]. 東京：築 摩書房，1967.

- 井上清. 日本の歴史（中）[M]. 東京：岩波書店，1965/1985.

- 文化庁. 和語 − 漢語（ことばシリーズ）[M]. 東京：大蔵省印刷局， 1978/1979.

- 石田雄. 日本近代思想史法政治 [M]. 東京：岩波書店，1976.

- 吉武好孝. 明治・大正翻訳史 [M]. 東京：研究社出版株式会社， 1959.

- 芳賀徹. 明治維新日本人 [M]. 東京：株式会社講談社， 1980/1988.

- 松本三之芥. 明治思想集（近代日本思想大系 30）[G]. 東京： 筑摩書房，1976.

- 松本三之芥，山室信一. 学問と知識人 [M]. 東京：岩波書店， 1988.

- 松沢弘陽. 西国立志編と自由之理の世界 ——幕末儒学・ビク トリア朝急進主義・『文明開化』[J]/. 日本における西欧政治 思想（日本政治学会年報），1975.

- 岡野他家夫. 日本出版文化史 [M]. 東京：原書房，1981.

- 柳父章. 翻訳語成立事情（岩波新書 189）[M]. 東京：岩波書店， 1982.

- 荻原隆. 中村敬宇と明治啓蒙思想 [M]. 東京：早稲田大学出版部， 1984.

- 高橋昌郎. 中村敬宇 [M]. 東京：吉川弘文館，1966.

- 植手通有. 日本近代思想の形成 [M]. 東京：岩波書店，1974.

- 鈴木修次. 日本漢語と中国（中公新書 626）[M]. 東京：中央公 論社，1981.

十六　中日近代引入进化论之比较[1]

19世纪80年代至90年代，西方进化论思想先后引进到日本和中国，对两国社会产生了不同程度的影响，这是中日近代史上很有意义的事情。中日两国启蒙学者为何引入进化论思想，如何摄取进化论思想，这种摄取与本国环境、与引进者本人有何关系？这是本文所要探讨的主要问题，并希望通过对中日两国不同摄取的互相观照，加深我们的认识。

1．关于进化论思想

进化的思想是一种关于发展变化的观念，东西方古代哲学家的著述中都不乏朴素的进化思想。系统的进化理论则是近代科学发展的产物。法国自然科学家拉马克（Lamarck）1809年在《动物学哲学》中首次提出生物进化论的学说——环境说，认为生物进化的主因是受环境的直接影响。到1859年，达尔文的《物种起源》巨著发表，奠定了进化论的理论基础，标志着进化论的成熟和获得公认。

以达尔文为代表的生物进化论是19世纪三大科学发现之一（能量守恒和转化的定律、进化论、细胞学说）。它不仅仅是一种自然科学理论，其中也包

1　原载北京日本学研究中心编《日本学研究》第四辑，外语教学与研究出版社，1994年。此处有所压缩。

括了深刻的哲学内容。第一，达尔文进化论以生物学、地学、古生物学等的丰富材料，论证了自然界所有生物有着共同的起源并有其生存和发展的规律，破除了物种不变和上帝创造万物的神话；第二，它以大量科学材料证明，生物界的各个种类不是孤立的，而是相互关联的，有机界，包括人类，不是静止不变的，而是不断向前发展的；第三，它论证了一切生物都是通过生存竞争、自然选择，逐渐由简单到复杂、由低级向高级演化发展的。并且，它的研究方法是自然科学的实验、观察方法和逻辑的归纳、演绎法。正是由于进化论所蕴含的哲学意义，它一经问世，便不只为自然科学家所看重，而且受到各个学科包括人文、社会学科的关注。马克思立即注意到达尔文进化论解释生物界如何互相联系和转化、如何互相竞争而发展的深刻内容，并以它作为辩证法和历史唯物论的自然科学证据。但是，另一方面，教会深感进化论对其神学教义的威胁，竭力抵制和攻击。海克尔、赫胥黎等支持达尔文的科学家起而与之辩争。新旧观念和信仰发生强烈碰撞，最终，进化论成为既包含自然界进步，又包含人类历史进步的一个被普遍接受的观念。

几乎与此同时，哲学家们（如英国哲学家斯宾塞等）也一直在思考进化的问题。哲学家总是试图寻找事物的普遍规律，解释一切现象所共有的特性。斯宾塞即持普遍进化观念，他在达尔文进化学说问世之前，已根据自己的哲学思考和物理学阐述的普遍进化的观点提出了社会进化学说，而后又将生物进化论纳入其普遍进化理论体系中（参见 E. Barker 1915：88-92）。斯宾塞等关注人类社会问题的学者们提出并宣扬的社会进化论[2]（后称社会达尔文主义）成为 19 世纪后半叶的一个重要思潮。它吸收了达尔文进化论中的生存竞争、适者生存等观点，视之为普遍真理，加以夸大或曲解，用来解释人类社会的进化。这同 19 世纪欧洲资本主义正处昌盛时期有关。它为自由竞争、弱肉强食作了理论上的辩护。它把达尔文的进化等同于斗争，把生物跟环境的斗争说成是同

2　我们认为，严复注意和重视斯宾塞学说中的普遍进化观，这一认识给了他一种新的哲学的眼光，所以他深为之感佩，并体现在自己的著译中。社会达尔文主义是一个晚出的概念（参看卢继传《进化论的过去与现在》，1980）。

一物种内个体之间为生存而进行直接的斗争（参看 Solbrig 1979：19-20）；它把达尔文所谓的适者是指能够传留最多后代的个体、适者在种群中也可能是弱者的概念解释为胜利者即适者，也即强者。这样，社会进化论就主要从生存竞争、自然选择这两点上利用和曲解了达尔文的进化论。这是把生物、把自然界的发展规律与人类社会发展规律相等同的认识。这种理论自然受到了捍卫达尔文进化论的人士如赫胥黎、海克尔等的反对，其中赫胥黎的 *Evolution and Ethics*（《进化论与伦理学》）（1894）这本书就是解释达尔文进化论的，批评将生存竞争、自然选择的原理无限制无区别地应用于人类社会的斯宾塞社会进化论。

19 世纪下半叶，进化论在发达的资本主义欧洲达到鼎盛时期，其中关于生存竞争、适者生存的概念用于解释社会现象时，如同一柄双刃剑，一方面可以支持列强之相互竞争，甚至以强凌弱，给人类带来不幸；另一方面它又与进步的观念结合在一起，支持社会由低级向高级的发展。这样一种极富解释力的学说，必然对刚刚开放的东方发生影响。然而由于中日两国所处的时代环境，既有别于欧洲，又有别于彼此，进化论遇到不同的摄取，其影响或作用竟完全两样。

2．中日对进化论的引入

2.1 日本对进化论的引入

日本 1868 年开始明治维新以后，社会发生了很大变化，面向世界，文明开化成为时尚。启蒙学者十分活跃，举西方近代文化而引入，进一步促进了日本社会的发展。在明治维新启蒙活动中，他们主要从西方思想中吸取了自由、平等、权利等观念，尤其是"天赋人权"的观念，反对外部力量对人权和自由的干涉，批判封建的思想观念。但是进化论思想尚未引起注意。据日本生物学家上野益三博士，最早提到"生物进化"观念的是松森胤保所著《求理私言》（1875，即明治八年）一书，比较系统地向日本人介绍生物进化论的，一般公认是美国动物学家莫斯（Edward Morse）（参见八杉龟一 1969）。

莫斯 1877 年 6 月 17 日只身来到日本，研究腕足类动物，因为日本此类化石丰富。他的研究成果以《大森介墟古物编》为名在东京大学发表。莫斯从 1878 年起，在东京大学生物系任教两年，开始向日本人系统介绍达尔文的生物进化论，不仅给生物系讲，还在星期日用英语做关于"动物进化论"的通俗讲演。当时学哲学的青年学生井上哲次郎曾回忆说，那时"我们热心研究进化论，而且很喜欢它"（近代日本思想史研究会 1969/1983：118）。听莫斯课的学生中有石川千代松和平沼淑郎二人将听课笔记整理后，翻译成日文，以《动物进化论》为名，在 1883 年 4 月出版。这是日本最早出版的生物进化论专著。

但是，日本人自己最早选择进化论加以引入的还是聘请莫斯的东京大学校长加藤弘之。早在《动物进化论》出版之前，加藤弘之在 1881 年创刊的第一期、第二期《东洋学艺杂志》上发表了"论根据人为淘汰获得人才之术"等论文，并于 1882 年 10 月出版了系统介绍进化论、进而以此解释社会政治问题的著作《人权新说》。此书第一版出后不久，于同年 12 月出第二版，接着在 1883 年 1 月又出版了新的增补修订本，可见此书的社会反响之快。莫斯的讲授，在东京大学校内引起生物学界的浓厚兴趣，而引起日本社会普遍关心，引发对于社会进化论激烈争论的是加藤弘之的著述。此后，"进化这个名词好像长上了翅膀，飞遍整个日本，留心新知识的人常常开口进化，闭口进化，好像只要谈进化，任何问题都可以解决似的"（三宅雪岭《明治思想小史》），所以日本的权威辞书《广辞苑》将"进化论"译名的创立归功于加藤弘之。

2.2 中国对进化论思想的引入

朴素的进化发展的思想在中国古代哲学中就产生了，如《易经》就是讲变化的。近代前，清朝的统治面临内外危机，敏锐的思想家龚自珍、魏源等预见到社会变革的需要，以积极的态度提出"更法"的主张，这一主张的基础就是他们的变易进化的观念。由于没有近代资本主义社会环境，没有近代科学为基础，这种变易进化的思想还属于朴素的古代范畴。19 世纪后期，中国社会的内外危机感加重，同时资本主义有了新的发展，郑观应等改良派要求从政治、经济等方面对旧的封建制度进行改革，但仍受到"器可变，道不可变"思想的束缚。只是到 19 世纪 90 年代，维新派人士如康有为、梁启超等才在继承前人变易进化思想，吸收以自然科学为基础的西方进化论中的某些成分后，提出了一套较为系统的进化观（参见中国社会科学院哲学研究所 1985）。

达尔文及其进化学说最初为中国人所粗知，是 1871 年华衡芳与美国传教士玛高温（John Macgowan）合作翻译的《地学浅释》[系译自英国地质学家赖尔（C.Lyell）的《地质学纲要》（*Elements of Geology*）]。其中提到了拉马克（译为勒马克）、达尔文（译为兑尔平）等人，并简要介绍了他们的进化思想："言生物能各择其所宜之地而生焉，其性情亦时能改变"。之后有英国在华传教士主办的《格致汇编》1877 年秋季号上刊出的《混沌说》一文，说："动物初有甚简，由简而繁。初有虫类，渐有鱼与鸟兽。兽中有大猿，猿化而为人。"

进化论的浅显介绍，连同传教士传入的天文、地理、动物、植物等近代科学知识，对康有为等维新派的进化史观的形成起了一定的作用。维新派一方面继承了前人的变易思想，一方面根据人对自然的新的科学认识，提出了高于以往的进化观点。在他们的著述中不乏关于天体的演化、地球的变迁、动植物以及人类的进化等的叙述。如康有为在《孔子改制考》中说，地球形成后，起初只是土石，之后渐次产生草木、虫介、禽兽，最后由猿猴进化成为人。但是总的来说，传教士对进化论的介绍是很肤浅的。他们主要介绍了生物包括人类是由简而繁进化而来的，对达尔文进化论的基本点"生存竞争、自然选择"等内容，以及进化论的普遍意义则避而不提。因此，传教士对进化论的简单介绍没有发生多大影响。

真正把达尔文进化论引入中国的是人称"天演家"的严复。1895 年，中华大帝国被东邻小国日本打败，举国震惊。沉默了十五年，积累了丰富西学知识的严复终于启笔撰文，积极鼓吹变法维新。在他一连撰写的《论世变之亟》《原强》《辟韩》《救亡决论》四篇论文中，都可以感觉到一个共同的声音，那就是基于进化论的救亡图存、变法自强。1896 年夏，他取英国科学家、达尔文进化论的宣传者赫胥黎所著 *Evolution and Ethics*（《进化论与伦理学》）一书译述为《天演论》，全面介绍进化论学说，并借以评论中国社会现实。译著问世后，产生了出乎意料的巨大反响。因此，进化论作为一种进步的、系统的学说，公认为是通过严复翻译《天演论》而传入中国的。

从日中两国最初引入西方进化论学说的历史过程来看，撇开古代朴素的进化思想不谈，一个相似的现象是：日中两国最早都是经由外国人初步将进化论知识介绍进来的，但是将进化论作为一种不仅解释自然进化现象而且解释人类社会发展变化的理论加以引进，并引起社会广泛关注，从而标志进化论正式引入的，却是本国思想家。下面我们就着重分析日本的加藤弘之和中国的严复是如何引入和摄取进化论思想的，论述他们的摄取各有何特点，分析其摄取与本人思想和本国环境的联系.

3. 加藤弘之对进化论思想的摄取

外来思想的摄取含有突出的主观因素。对于西方进化论思想，加藤弘之和严复是外国人，是处于变化的社会、动荡的时代中的外国人。他们的经历、教育和环境，他们对本国社会、政治、思想各方面状况的关注，不能不影响到他们为何以及如何摄取西方思想，包括进化论思想。我们在探讨思想的摄取之前，需要分析摄取者的思想背景，这样我们才可能对研究对象具备了解之同情。

3.1 加藤弘之的思想背景

加藤弘之，1836年出生在但马国（兵库县）的一个蕃士家庭。七岁发蒙修业，九岁入蕃校弘道馆，读四书五经，受教内容多为忠孝一类观念。1852年他赴江户求学，师从著名洋学家佐久间象山，以后又投坪井为春门下，修兰学、英学，由此学习西洋兵学炮术，还接触了一些翻译的西书。1860年，加藤弘之二十四岁，到蕃（洋）书调所任助教，可自由借读调所丰富的藏书，好学之志大进。当时调所内有德国教授，加藤弘之知道德国学术先进，便借机跟德国人学习德语，成为日本最早与德国学术发生关系的人。这影响到他一生的学术活动。也正是在这时，他开始废兵学，而喜读政治、哲学、伦理、法律诸学。不久，他写出第一本著作《邻草》（1861），这是日本最早的论立宪政体的著作。1864年，他当上开成所教授。1867年，他编译了《西洋各国盛衰强弱一览表》，第二年，小册子《立宪政体略》刊行。这时的加藤弘之，受西学影响，逐渐接受了天赋人权思想。他晚年在《经历谈》中回忆说："我最初读西方政治、法律等方面著作时，信奉卢梭等人倡导的天赋人权论，把我们人类生来具有平等的权利和自由之学说视为最有意义的真理，甚至一度相信共和政治是无比公正的政体"（参见植手通有 1973/1981：488）。同时他也开始接受国家主义学说，他的《国法泛论》即根据德国政治学说家 J. K. Bluntschli（伯伦知理）的著作编译，他是日本第一个学习和传播德国国家主义的人。

此后，一方面，加藤弘之陆续发表了《真政大意》（1871）、《国法泛论》（1872—1874，编译）、《国体新论》（1875）等书，广泛地为日本引进先进文化，被公认为明治时代启蒙思想先驱。另一方面，他仕途畅达，先后做文部大丞、外务大丞、元老院议官、开成学校总理（校长）、东京大学校长等。从他的早年著述直到《国体新论》，各书中均未见使用进化论术语，也没有涉及进化论的学说。因此可以说，至少在 1875 年前，加藤弘之未接触到进化论思想。

到 1882 年发表《人权新说》，引入进化论学说以批驳天赋人权论之前，加藤弘之的经历有这么几点值得注意。其一，出身于低微的下级士族家庭，生长在日益开放的时代，这使他逐渐反抗封建，抛弃旧学，而向往新政，热心西学。其二，学养深厚，不仅自幼研习汉学，还敏感地及早接受了兰学和西学，能用英语、德语接受新知。其三，弃技术之学，求社会之学，并以学论政，二十五岁即写书论述立宪政体。其四，以文人学士介入政界，身居上层，以官方立场审时论学，因而有"御用学者"之称。

从思想上看，这一时期加藤弘之的理论基础是天赋人权论，而最关注的是政治学。从第一本著作《邻草》，直到他晚年著述，政治几乎是唯一的主题。关于撰写《邻草》的动机，他在晚年的《自叙传》中说明了，即主张学习西洋立宪制度，以改革当时日本的幕府政治。在这本初期著作中，他对于国家、民众的基本观点已见端倪。以后出版的《立宪政体略》《真政大意》和《国体新论》大体上是进一步阐述和充实他的基本观点。《立宪政体略》是以《邻草》为底本增写的。他在书中论述上下同治的本质是"以天下为天下亿万国民之天下。因此政府只是代表天下亿万之民来治理天下"（参见植手通有 1973/1981：334）。接着论述制定国宪，一切依宪法行事；又阐述了立法、行政、司法三权分立等，其国家学说的框架已建成。论述完政体，他便讨论如何施政。他所谓的真政，就是安民之政，要安民，关键在于懂得"人的天性"，即人的自由、平等的权利与义务。实际上，加藤弘之是想协调人民与国家间的矛盾。对于人民，他说人是最爱之物，给人幸福乃是天意，人有种种天性，不羁自立（即自由）是第一天性。但人还要履行各自义务，尊重他人权利。至于政府，既要保护人民，又不可放任（同上：348-352）。《国体新论》则更明确地以天赋人权论为武器，抨击封建专制主义，将自己的国家学说系统化。加藤弘之一直思考的问题是如何将国家的权力同国民的自由这互相矛盾的二者调和，他认为这是立宪政治的关键。在明治初期，文明开化是时代主流，加藤弘之也比较注重国民的自由，但他是从国家的立场，考虑国家或政府应当如何去保护人民的自由与安宁的，这就不可避免地使他渐渐侧重于国家的权力。

3.2 加藤弘之因何引入进化论

我们知道了加藤弘之生长在一个变革的时代，有深厚的西学修养，而且从年轻时开始著书起，其主题就不离国家政治，我们便不难理解他对进化论的引进了。

如前所述，加藤弘之的思想基础是天赋人权论，这与他抨击旧的封建体制，倡导立宪政体是一致的。但是他的这一思想基础是不牢固的，因为只是为了支持他的国家学说。他并未真正理解欧洲启蒙思想意义上的天赋人权说，即从人的自然属性上理解人的自由平等权利的学说（参见卞崇道 1986）。他从青年求学时就关注时政，后来以学论政，三十五岁后，走上政坛，靠近上层，他的心态已逐渐发生变化。从他最初的著述中已可以看出他对尚处于"愚昧"中的民众的不信赖，不赞成万民共治。1874 年，作为自由民权运动先声的开设国会的建议刚提出，加藤弘之便率先撰文，认为民选议院之设立为时尚早。显然，在明治政体开始稳定、国家体制逐渐健全、而自由民权运动逐步高涨的时候，加藤弘之也开始了对他自己国家学说的理论基础进行反思。他第一次公开地改变观点，批评"天赋人权论"是在 1879 年 11 月和 1880 年 3 月两次讲谈会上发表题为"驳天赋人权论"的讲演（《人权新说》第一章第 22 条）。他自己晚年的自白表明了他这一时期的思想变化过程：

> 在我四十岁的时候，即明治八九年以前……我还以为我们人类与其他动物是完全不同的，我们人类有其他动物所不具有的天赋人权和天命伦理。但是到了四十岁，因为无意中读到巴克尔的《英国文明史》（H. T. Buckle. 1857. *History of Civilization in England*），才开始认识到错了……从这时起，我感到在精神科学上应用自然科学是很重要的，于是逐渐喜爱读达尔文、斯宾塞、赫克尔及其他诸位硕学关于进化主义的著作，愈加明白宇宙是唯一的自然，绝对没有所谓超自然的东西。因而也就更加相信我们人类并非本来就是万物之灵，而完全是由于进化才成为万物之灵的。
>
> 因为有了这样的经历，所以我在四十岁前后，几乎变成了另一个人。四十岁以前的认识与四十岁以后的认识大体上互为里外、互相对立了。……因此我在明治初年撰写出版的《真政大意》《立宪政体略》《国体新论》等专以天赋人权论为基础的著作，就不能让它们照旧作为我的著作保存下去，便最后让它们绝版了。后来为了尽速发表我的新主义，我又在四十七岁那年（明治十五年）写了《人权新说》这本小册子，重新依据进化主义，阐明我们的权利绝不是由于天赋，而完全是在国家生存之上逐渐进化发展起来的。
>
> 《自然与伦理》序（明治四十五年）

加藤弘之在他的《自叙传》《经历谈》中也提到自己读了巴克尔以及达尔

文等人著作后改变了宇宙观和人生观。但这只说对了一半。应当看到，在加藤弘之的思想深处已经形成了怀疑天赋人权论、期待以一种新学说重新审视一切的基础。达尔文进化论，尤其是斯宾塞将之应用于解释社会现象的社会进化学说，正符合他反对自由民权、主张君主立宪的政治需要。不然何以明治时代的那些启蒙思想家中——他们也没少读进化论的著作，只有他那么毅然决然地与前期思想连同著述一刀两断[3]？

简言之，加藤弘之著《人权新说》，输入进化论，既有他接受进化论思想、改变从前观点的一面，又有以进化论支持和装备自己关于国家权力学说的一面，从他对进化论的摄取可以更清楚地看到这一点。

3.3 加藤弘之如何摄取进化论

加藤弘之是在《人权新说》中系统地引入并论述进化论学说的。这是一本仅五万多字的书，作者的意图非常清楚地从一开篇就表现出来。打开书，赫然映入眼帘的是一幅海市蜃楼的图画，远处虚无缥缈地浮着"天赋人权"几个字，天上是加藤弘之亲笔书写的"优胜劣败是天理矣"8个大字。全书3章，38条，从开头毫不留情地抨击天赋人权论开始，一步步地用进化论观点论述自己关于权利和国家的认识。

第一章题为"论天赋人权是出于妄想的根据"。加藤弘之在前几节中引述了达尔文、斯宾塞、巴克尔、边沁、穆勒、赫克尔、耶林、赫尔巴特、斯特劳斯等二十几个西洋学者的名字及他们的主要著作名，以表明自己言之有据（这也反映他的思想来源是广博或混杂的），并且是建立在近代物理学、生物学等科学基础上的。他说进化主义是以实验研究为根据的"实理之学"，而天赋人权完全是一些学者妄想出来的，并没有真正存在的证据。因此他这本书的目的就是"利用这属于物理学科的进化主义来反驳天赋人权主义……这是利用实理

---

3 加藤弘之任东京大学校长后不久（11月），申请将早期基于天赋人权思想写作的《真政大意》和《国体新论》绝版、禁卖，以示与过去决裂，引起舆论界震惊。加藤弘之此前曾因怕被人指责为背叛行为而犹豫过（参看加藤弘之《经历谈》）。

来反驳妄想"（第 6 条）。

接下来的第 6—10 条中，加藤弘之为了让读者了解进化论、了解他对天赋人权的驳论，摘要叙述了进化论的要旨。他介绍达尔文进化论关于动、植物界的生存竞争（包括同种之间和异种之间的生存竞争），自然淘汰的现象，着重于由遗传、变化作用而产生优劣等差，优者为了生存发育的需要而淘汰掉劣者（也可能是无心的），这是一条永世不易的自然规律，即优胜劣败。接着在第11 条至 20 条中，加藤弘之把前面概括的优胜劣败这一大规律公式化，自然而然地应用于解释人类社会。他说因为体系、心性上的遗传与变化，以及由此产生的优劣不同，并非动植物独有，人类也同样具有，生存竞争也就不可避免。于是人类社会中的自由、平等、人权、人道、正义等伦理概念，在进化主义观点看来，都是没有根据的妄想。他的结论是："我们人类既然各有其优劣等差，因而也就发生无数的优胜劣败的作用，这实在是万物之法的一大规律，是永久不易不变的原理。所以说我们人类每一个人决非生下来就有自由、自治、平等、均一的权利……可是妄想主义者却不知道这昭然若揭、无可争辩的实理"（第20 条）。

第一章是全书的重点（共 22 条，占全书篇幅 2/5）。他把进化论作为既适用于动、植物界，又适用于人类社会的根本规律，把竞争视为主要的手段，而优胜劣败就是竞争的后果，同时又是进化的源泉。讲到进化论应用于动、植物界时，他强调竞争，在第 6—8 条这三节中，"竞争"（或"生存竞争"）一词出现了 20 次。讲到进化论应用于人类社会时，他强调优胜劣败，在第 11—13 条这三节中，"优胜劣败"（或优劣等差）一词出现了 30 次之多。加藤弘之这么强调竞争和优胜劣败，是为了在后面论述权力问题。在他看来，竞争和优胜劣败不仅有助于人种的进步，也有助于伦理的进步，有助于权力集中到最优者手中，而上等公民掌握了社会的大权力以后，就会促进社会的安宁与幸福。

于是在第二章中，他所要讨论的问题是"论权利的发生与增进"。他先讲动物有群，人有部落，为了团结共存，抵御外侵，自然产生了首领。首领的产生必然是根据贤愚、强弱、尊卑、贫富之差异，于是有优胜劣败发生，优者压倒劣者，而掌握专制权力的是最大的优者。一般人的权利则是在这些掌权的最大的优者统治下，在成立了国家时才产生的。他说：

> 在掌握专制大权的最大的优者没有出现之前，国家还不能成立，我们的权利也就不可能产生。而且，国家不能离开我们的权利而独立。我们的权利也不能离开国家而单独产生。由是观之，国家与我们的权利，可以说是专制者为了全体及每一个人的安全，在不得已的情况下才开始设定的。（第26条）

权利的产生出于优胜劣败，在加藤弘之看来，权利的增进，也不出于天赋。在第27条中，他引述耶林《权利竞争论》中的观点谈权利与权力的关系："权利是强权者为了自己的真正利益，自己对自己的权利加以限制而产生的"，即人们的权利出于强者的权利，强者权利即权力。这个观点他以后说得更明白了："在人类社会所发生的一切生存竞争中，为强者之权利进行的竞争是多而又激烈的。这种竞争不只为了我们的权利自由，也为促进人类社会的进步发展所必需了"（《强者的权利竞争》）。既然权利的产生和增进是优胜劣败的结果，显然掌握着权力的人是优者，这一推论自然有利于统治阶级，有利于把他们作为优者而合理化。他还进一步说，如果人民无视政府或贵族等的权力／权利，只顾谋求自己权利的增进，将会有害于社会（第28条）。

在第三章"论谋求权利的增进应当注意之要点"中，加藤弘之主要是以自然界中的渐进进化为据，批驳"妄想的天赋人权论者的激进主义"，主张采取保守和渐进的办法。在他看来，"才能的大小与贫富有关，因为终日为生活发愁的人，必然大多数是没有文化的，自然也缺乏才能，因而就不得不认为穷人一般来说是没有什么才能的。"正是这种愚民思想，使他对"欲把欧美人民积数十百年而逐步取得的全部权利，一朝移之于东洋"的"轻举妄动"大为不满，坚决反对自由民权运动提出的普选。

1883年1月，《人权新说》出了第三版增补修订版，由初版的34条增加到三版的38条（实际增补5条，即第9条、第18条、第30条、第37条和第

38 条；将初版的第 32 条和第 33 条合并为第 35 条）。增加的 4 条是初版没有的，还有大量的增补是在原来基础上添加或修改的。

在初版问世的第二个月即遭到一连串反驳的加藤弘之，在第三版做了些什么修补呢？

首先，打开书，卷头上的图上，"优胜劣败是天理矣 加藤弘之"这 12 个字比初版小了。川原次吉郎认为这时的加藤弘之没有第一版刚问世时那样锋芒毕露了（《明治文化全集——自由民权篇》：46）。但此说不可信。因为从文中增补的内容看，加藤弘之丝毫没有什么改变和退缩。

新增添的第 9 条主要是论述环境对动植物的影响。动植物由于遗传和变化的作用，产生优劣等差。但这种优劣等差不是一成不变的，随着土壤气候等环境状况的变动，动植物的优劣等差也就发生变化。这些内容并不新鲜，很可能是从巴克尔（Buckle）书中学来的。加藤弘之在自叙中讲过他读了巴克尔的主要著作《英国文明史》。巴克尔很注意借用科学的方法研究人类社会问题，认为研究后者也应通过收集、核对和解释材料来进行。他即用这样的方法研究，认为气候、土壤和食物等自然因素对财富的产生和分配会发生影响，如气候炎热的地方，人对食物的需求就少。他还认为大自然的力量若过大，人的思想就会受到抑制，反之人类将会更有信心（参见 Barker 1915：143）。加藤弘之在第 9 条中主要是补上巴克尔的思想。

其实加藤弘之补上第 9 条，可能是为了补第 18 条。第 9 条讲到环境对动植物的影响，第 18 条相应地论述社会各种状况发生变化时，人类的优劣等差便可能发生变化。某种时势最适合某种人，他们就可能是拥有最大权力的人，而不一定是精力、品质等最优秀的人。如僧侣有其适宜的时势，武士、学者、商贾等也各有其适宜之时势，而时势转变时期，往往是竞争最激烈之时。加藤弘之对社会变迁的这种解释是肤浅的，实际上他也解释不清时势是怎么造成的。他想说明的就是一个权力问题。由此我们可以看出，加藤弘之把生物界的一些规律和现象搬到人类社会上来是相当彻底的。

全书最后两条，即新补的第 37 条和第 38 条更是加藤弘之的心态的表露。

他在第 37 条里写道："在本书结尾时再次向读者告白，此书是依据优胜劣败这一大自然规律，专门论述天赋人权的妄想是如何产生的，我等的权利又是如何发生进步的。因此，优胜劣败四个大字可以说是全书的精髓。"他不厌其详地说，优胜劣败是善战胜恶，正战胜邪："故优胜劣败，乃君子胜小人败，贤人胜奸人败，圣主胜叛臣败，正义胜不义败，公道胜邪恶败"，等等，优胜劣败在加藤弘之笔下，完全就是进步的代名词了。

在第38条中，加藤弘之以欧美发达国家为例，说明一个国家达到了优胜劣败，其本质就是使人和社会向上，人民也渐渐得到参政的权利。转而说到日本，他称道说，日本今日君权决非实行无限专制，建立立宪代议制后，不几年日本就可赶上欧美先进国家，这也是优胜劣败的良好作用。最后加藤弘之竟劝告民权派人士"不要急躁过激，要养成扎实敦厚之风，真正成为社会中优秀分子，永远充当皇室的羽翼"。由这后补的两条可以看出，加藤弘之引入进化论的真正用心，是借自然界的生存竞争、适者生存的进化之理，推论人类社会因优胜劣败而进步，而现政府即是优胜者。

综上所述，加藤弘之因为自己的国家学说的需要，引入了西方的进化论思想。关于进化论的三个基本观点，即物种演变、同源共祖的观点，生存竞争、适者生存的观点，渐进进化的观点，他都在《人权新说》中作了概述。

值得注意的是，他总是在讲述了自然界生物进化的科学道理之后，立即将所得之"实理"应用于解释人类社会的一切现象，因为他把优胜劣败、适者生存视为古今万物一贯不移之法则。他于是推论，权利本是最大的优者为了禁止人们自由放纵，确保团结与共存，凭借专制权力设立出来的，这是全书的主导思想。他的书不叫"进化学说"，而以《人权新说》为名，清楚地表明他是以进化论为辅，以论说人类社会权利为主，即以进化论为新观点，重新全面、"科学"地解释人类社会。他讲万物同源共祖，说明人类不是上帝的特别恩赐，而是从动物进化而来的。因此适用于动、植物的科学道理也适用于人类，而人类所谓"天赋人权"则是出于学者的妄想，没有根据。他进而用适者生存和渐进的观点说明，是优胜劣败而导致优者掌握更大的权力，人们应该服从于这种科学地进化所形成的权利结构，并渐进地使之完善。

显然，加藤弘之摄取进化论思想，重点不是它在生物科学上的意义，而是它用于人类社会的意义。这是所有社会进化论者的共同点。他们以进化论作为一种哲学思考，以之评论宇宙万事万物。加藤弘之不仅用进化论解释人类社会，他更现实地以它作为抨击和取代"天赋人权论"的思想武器。为了更充分地做到这一点，他特别突出了生存竞争、适者生存的观点，把适者生存（在达尔文进化论中适者并无"最优者"含义）引申为优胜劣败，并一再强调。因此，加藤弘之通过《人权新说》，将他摄取的进化论思想引入近代日本的现实结果，显然是一个以优胜劣败为主旨的进化论。

4. 严复对进化论思想的摄取

从年龄上看，严复比加藤弘之晚出生 18 年，但严复生长和生活在一个更为茫然的时代、更为动荡的社会，这对于他们二人在摄取西方思想时的差异有着重要意义（关于严复的思想背景分析，参见王克非 1989，此处不赘）。

4.1 严复为何引入进化论

从 40 岁以前的严复的经历，我们不难解释他为何首先选择进化论引入中国。第一，严复身处动荡的环境，有强烈的忧国忧民意识。第二，能通过熟练掌握的英文，博览西方文史哲诸多书籍，包括以进化论观点论述世界的书籍，并大为信服。第三，甲午战败催人奋起。这是严复撰文译书的主要契机，他（1986:514）"……意欲本之格致新理，溯源竟委，发明富强之事"。他说的"格致新理"就是科学的进化论学说，他要依据这个学说，为中国找到一条摆脱险境、走向富强的道路。他不满足于仅自己掌握这个学说。于是不久，在大部头的西书丛中，他选择了最新出版、最为简明地论述进化论的小册子 *Evolution and Ethics*（《进化论与伦理学》），将进化论学说介绍给国人。西方进化论就在这时、在这样的情势下进入了中国，它正切合严复的忧患意识，切合他以此作为新的价值观重新审视和解释中国社会的心态，切合面临何去何从的中国现实。这是一种外来思想能够引入异域他邦的必要条件。

严复是受过西方科学熏陶的，他懂得，科学不仅可以解释自然现象，更可贵的是，科学原理和科学研究的方法含有真理的成分。进化论正是一种以自然科学的研究手段和自然界的无数证据充实起来的科学理论，严复自然对它深信不疑。他认为，"近二百年，欧洲学术之盛，远迈古初，其所得以为名理公例者，在在见极，不可复摇"（《天演论》自序）。他相信他可以将其中的物竞天择、适者生存的生物进化原理，应用于中国社会，作为救亡图存的警钟，唤醒国人"自强保种"，由此达到变革社会的目的。达尔文进化论不仅是一套科学理论，它本身包含了西方思想中最精当最革命的成分（参见 Schwartz 1964），严复充分认识到这一革命性意义。他说："《物种探原》，自其书出，欧美二洲，几于家有其书，而泰西之学术政教，一时斐变。论者谓达氏之学，其一新耳目，更革心思，甚于奈端氏（即牛顿）之格致天算，殆非虚言"（严复《原强》）。他看重的正是进化论能够"一新耳目，更革心思"的作用。

选择进化论加以引进，除了严复个人主观上的认识因素之外，当时中国的客观环境也是非常适宜的。历史行进到严复奋起的时代，中国内治日衰，外压愈烈，几千年的封建社会已走到穷途末路。同时，古代的变易思想，也已逐渐发展到具有进化发展观念的变法思想。进化论思想正能满足全社会变法图强的愿望，并为之提供理论上的表述。进化论，特别是社会进化论中的普遍进化观点，如严复所说，"有斯宾塞尔者，以天演自然言化，著书造论，贯天地人而一理之"（《天演论》自序），比较容易为中国人所接受。中国文化自古以来具有天地人一理贯之的思想，于天地自然界屡试不爽的科学道理，被拿来解释与天合一的人和人类社会是很自然的事情，何况在此之前，中国人已初步认识了西方近代科学技术的先进。因此可以说，严复在当时引入西方进化论思想，是既符合己意，又顺应国情的。

反过来，果亦能释因，严复对进化论既合己意又合国情的引入，决定了这一引入是一种特殊的摄取。

4.2 严复如何摄取进化论

4.2.1 译书的选择

严复何时接触到西方进化论思想是一个不易考察的问题。Schwartz 提出，严复在 19 世纪 70 年代求学于英国时已熟悉达尔文主义，并读了斯宾塞的一些著作（Schwartz 1964：34）。持这种说法的人不少，但是这一说法缺乏根据。严复留英时，正是进化论学说在欧洲盛行之际，他可能略有所闻。郭嵩焘记载过严复的一些言谈，包括某方面知识（如牛顿力学、近代科学等），但未谈到达尔文和进化论。我们所知道的关于严复最初接触进化论的时间是在光绪七年至八年间（1881—1882）。这是严复在《群学肄言》"译余赘语"和"自序"中说的，最为可信。而且他对进化论的接触始于斯宾塞，而不是达尔文。他多次提到自己初读斯宾塞著作时的情形，而从未提起是何时、如何读达尔文著作的。可见他还是更倾心于前者。他写道："不佞读此（《群学肄言》）在光绪七八之交，辄叹得未曾有。生平好为独往偏至之论，及此始悟其非"（《群学肄言》译余赘言）。从严复喟叹"得未曾有"，可知这是他初次读到以进化论观点解释社会的斯宾塞的著作。在《原强》中，他同时介绍了达尔文、斯宾塞和赫胥黎，但对赫胥黎，只是引了一段他谈读书治学的道理，而重点介绍了达尔文尤其是斯宾塞，把他们作为进化论学说两大人物。达尔文是正宗，严复称"达氏之学，其一新耳目，更革心思，甚于奈端（即牛顿）氏之格致天算"，并简介其"物竞""天择"的主要思想，说有生之物，大凡如此。严复（1986:16-19）认为斯宾塞更是"宗天演之术，以大阐人伦治化之事"，"而于一国盛衰强弱之故，民德醇漓合散之由，则尤三致意焉"。文中还概述了斯宾塞的多种著作。可见严复不仅读斯宾塞著作最早、最多（他读过斯氏《第一原理》《社会学研究》《伦理学原理》《生物学原理》），对他也最为推崇。可是他为什么一不译达尔文、二不译斯宾塞，而选择了赫胥黎的一本书？

达尔文的《物种起源》（*The Origin of Species*）（1859），是一部划时代的科学著作，它以极丰富的动、植物材料，论证了自然界生物演化的规律。但是这部巨著数十万字，又有太多的生物学专门知识，是严复不易翻译的（实际上，这本著作译成中文是 1920 年的事情，由留学归国的马君武博士积 20 年之努力译出。在日本，达尔文这部书也是在进化论传播已久之时，于 1896 年才译出）。实际上，严复最为关注的并不是进化论在科学上的贡献或意义，而是将达尔文的进化论原理运用于人类社会。

斯宾塞是严复最熟悉和敬佩的思想家，他自然很愿意将斯宾塞的以天演学说大阐人伦治化的著作译介到中国[4]。但是斯氏巨著《综合哲学体系》（*The System of Synthetic Philosophy* 1872，严复称之为《天人会通论》或《会通哲学》）更为庞大，共分五部，将进化原理放射到哲学、心理学、社会学等领域进行广泛的解释。严复（1986：507）在给汪康年的信中叹道："《天人会通论》，卷帙綦繁，移译之功更巨"。他虽在 1897 年为《国闻报》译过该书第四部《社会学研究》（即后来严译《群学肄言》）中的两篇，名之为《劝学篇》，但也颇吃力，说：《劝学篇》不比寻常记论之书，颇为难译；大抵欲达所见，则其人于算学、格致、天文、地理、动植、官骸诸学，非常所从事者不可（同上：507）。他（1986：527）的考虑是："今欲选译，只得取最为出名众箸之编，盖亦不少矣。若译大部政法要书，则一部须十余年者有之"。显然，对于严复，抑或说在他看来，对于中国，最适宜、最急需的是一本概述达尔文进化论基本原理而篇幅不巨较易移译的书。1894 年新出版的赫胥黎的《进化论与伦理学》，也是适逢其时。

赫胥黎是一位著名生物科学家，是达尔文学说的捍卫者和解释者。他不能容忍斯宾塞等人将自然界的进化原理无情地用于人类社会，故提出以人类的伦理来制约宇宙的演化过程。在他看来，人类固然不能逃脱生存竞争规律，但是人类不同于动植物的是人类还有伦理道德作为衡量事物的尺度；人类社会的竞争不是仅仅让"最适者生存"，更重要的是让"尽可能多的适者生存"。因此"社会进步意味着对宇宙演化过程的每一步都加以抑制，并代之以另一种可称为伦理的过程"，"社会伦理的进步所依赖的不是模仿宇宙演化过程，更不是回避它，而是与它作斗争"（Huxley 1894：81-82）。换句话说就是，社会越是文明进步，对自然界就越具有作用力；同时，越善于同自然界较量，社会就越进步。这是《进化论与伦理学》的主旨。这本书的主要部分是赫胥黎在牛津大学罗曼尼斯讲座的系列学术报告，在该报告发表时，赫加上了一个"导论"，二者合计不

4　严复在戊戌变法失败后的第二年早春曾致函商务印书馆的张元济，谈到自己想在译完几本小书后，再译斯宾塞的《天演第一义》《群学》等大书。不过以后除了译出《群学肄言》外，其他书均未译。

过五六万字。

赫胥黎书中的观点并非严复所赞同的。严（1986：525）认为这本书"不过赫胥黎氏绪论之一编，并非天演正学"，因为他信奉斯宾塞的学说。但是书中对进化论原理的系统阐述，对人类思想发展史的简明综述，对物竞天择、适者生存规律的现实描绘，对人类困境的关注，显然深深吸引住了严复。

在《进化论与伦理学》一开篇，诗一般的语言描绘出宇宙万物生存竞争的无情画面，任何生物都逃不出不适即亡的命运。这就强烈地暗示当时的中国处于"不适者亡"的危险境地！如何求存于将亡？赫胥黎提出以人治或人为的方法，即伦理的方法，对抗宇宙无情的演化过程，每个人都尽自己的能力并集群体的力量，共同应付危机，制服天演公例。这正是严复看中赫胥黎的地方。这本书，从总体上说，一方面使严复看到了"物竞天择、适者生存"的进化铁律而为之震撼，一方面又让他看到"与天争胜""自强保种"的希望而为之激奋。它迎合了严复深切的忧患意识，又切中了正处险境的中国的现实需要。选择这本书，以之为引入进化论的基本材料，正表现出严复丰富的学识和独具的眼光。下面我们就看看这位"19世纪末中国感觉锐敏的人"是如何"做"《天演论》的。

4.2.2 译述的基本构想

择书而译，这是严复翻译西书的特点。但如果仅仅照译赫胥黎的书，那还不会有《天演论》。站在19世纪末叶面临弱肉强食之危险的中国，严复冷静地思索着以何种方式引入进化论最为适宜。从目前所能见到的材料中，尚未找到严复当年是怎样翻译《天演论》的，没有信函、日记等文字记载。我们无从了解他在翻译中的构想和翻译的过程，不知他是怎样得到赫胥黎的 *Evolution and Ethics* 一书，怎样起意移译这本书，甚至翻译这本书的时间也使后人推测、争论了很多年[5]。但是，严复在1896年10月，《天演论》移译甫毕，给梁启超

5　一般认为《天演论》始译于1894—1895年间，在《严复集》所收《天演论》里有编者脚注，"严复译文，我们所能看到的最早本子，是封面题为乙未年三月即一八九五年陕西味经售书处重刊的《天演论》本。"但据该版本中的一条按语"光绪二十二年丙申……"可知，此按语写于1896年，故该书封面所题年月不可信。严复在《天演论》自序写有：夏日如年，聊为移译。……光绪丙申重九严复序。故《天演论》应是译于1896年夏。

写的一封长信，值得细加琢磨。严复（1986：514）说他在甲午战败后心中悱愤，有感而作《原强》等文，"意欲本之格致新理，溯源竟委，发明富强之事，造端于民，以智、德、力三者为之根本。三者诚盛，则富强之效不为而成；三者诚衰，则虽以命世之才，刻意治标，终亦隳废。故其为论，首明强弱兼并乃天行之必至，而无可逃，次指中国之民智、德、力三者已窳之实迹……是以今日之政，于除旧，宜去其害民之智、德、力者；于布新，宜立其益民之智、德、力者。以此为经，而以格致所得之实理真知为纬。本既如是，标亦从之。本所以期百年之盛大，标所以救今日之阽危"。

这段话说的是撰写《原强》的构思，但也正是严复当时思考的中心问题。严复不满意前一年他发表在《直报》上的《原强》，所以重写《原强（修订稿）》，篇幅增加近一倍，基本体现了上述构思，但未发表。其后不久，他就投入到对《天演论》的修改之中（至少两度大改，即 1897 年春夏和 1898 年正式刊印成书前）。《原强》的主要内容，即介绍达尔文、斯宾塞的进化思想，论述国富之本，考察中国民智、民德、民力，比照西方讨论中国之危机，以及论述振兴之途等，在修补后的《天演论》的译述和按语中基本得到了体现。因此我们可以大致由严复上段自述推测他译《天演论》的基本心态和构思。

其一，他要以西方新的进化论原理从根本上探讨国家富强之因；

其二，强调物竞天择、适者生存的普遍规律，宇宙万物包括人类社会概莫能外，中国已在世界竞争中落伍，只有除旧布新，提高"三民"，才可能与外强决胜负；

其三，以引入的进化论和提高三民互为经纬，作救亡之术，最终为了国强民富之本。

从这里，我们可以约略看出《天演论》的雏形，即引进的进化论是普遍进化性的，是富有解释力的，是促进进步的。简言之，是哲学形态化了的进化论。引进它不是目的，引进它以达到保种自强才是目的。于是严复构拟了一个特别的翻译方案，他要将西方的进化论按他的导向引入中国。他一半通过翻译，一半通过按注，将他认为必需的达尔文基本原理、斯宾塞普遍进化观和赫胥黎以人持天、自强保种之新观点一一摄取，连同他自己的理解、倾向和强调，综而统之，注入书中。

4.2.3 译述中的多方摄取

由于特殊摄取的需要，严复不循翻译之正法，而采用他自称的"达旨"或"译述"。他在《天演论》"译例言"中解释说："题曰达旨，不云笔译，取便发挥"。《天演论》译于 1896 年夏，译成后，先在师友之间传阅，1898 年正式出版的是几经修改后的译本。

仅将 1897 年夏秋严复修删的《天演论》手稿[6]和 1898 年出版的正式译本沔阳慎始基斋本加以比较，可以看出严复在不断修改译稿，如 1897 年手稿删去了原稿中大量掺进的中国事情[7]，正本与一年前的译稿已有很大的不同。如，给全书各章节加上了点明主题的小标题；对概述进化原理的"导言"部分作了较多的修改。这表明他对这一部分的重视，因为天演原理在导言部分已得到完整的表述，而后一部分也偏深了点。最突出的改动是增添了更多的按语（案语）。1897 年译稿约 46 000 字，其中按语 9 条，约 5 600 字，占全书近 1/8。1898 年正式译本约 55 000 字，按语增至 30 条，手稿中原有的几条也扩充了，按语字数达 21 000 字，占全书近 2/5。尤其是前半部分（导言）的 18 节中，几乎每一节的后面都新加上按语。原来的 9 条按语全在后半的"论"部，内容不外两类：其一，介绍西学背景和著名学者，其二，与中国古书所说相比照。仅最后一条，纵论进化论之缘起，似后来补写的，暂放书末，至正式本出，已挪至第一节作为第一条按语。值得注意的是，后来补的 19 条按语，大多放在前面的"导言"部分，思想倾向也更鲜明，如批评赫氏论点，赞同或引述斯氏观点的几条，同意赫与天争胜的两处均在后加按语中。反过来，这说明严复在早先的译稿中没有细述自己的思想观点，至少是没有放在"案"中明确表达自己的意见。后来补加的大量按语可以看作他深思熟虑的结果，是真实意图或倾向。吴汝纶读

6　在《天演论》手稿中，严复多处记下了修改日期，从丁酉年（1897 年）四月到六月。严复这一年给五弟的信上提到"原稿经吴莲池（汝纶）圈点者正取修饰增案"（见《严复集》（三）：233）。

7　手稿中被删去的有关中国的事情包括中国古圣人的观点有 55 处之多，这是听从了吴汝纶意见而改的。

初译稿后曾函告严复："其参引己说多者，皆削归后案"。严听从吴意，"修饰增案"。而对原来译稿中掺入的"中事中人"，约五十处，全予删去，这样，案话中多表达译者意见，而无其他内容干扰按语的论述。

严复《天演论》的按语不外两种，一种是广征博考，拓宽读者的知识面的，一种是阐发和评点式的。他自己在《天演论》译例言中说，前一种是"粗备学者知人论世之资"，另一种则是"今遇原文所论，与他书有异同者，辄就僰陋所知，列入后案，以资参考。间亦附以己见……"

如"导言一·察变"后的按语，概述了进化论的产生和西方一些著名学者，着重介绍了达尔文和斯宾塞的主要观点。在"导言三·趋异"后的按语中，严复引介了马尔萨斯的人口理论，以明"物竞之烈"。在"论十一·学派"后的按语中，介绍了柏拉图、亚里士多德等7位西方古代哲学家。

后一种按语便于他比较赫胥黎和斯宾塞等人的论述，或将自己信奉的斯宾塞的理论来纠正赫氏。即以"任天为治"来说，严复虽然在《天演论》自序中说："赫胥黎氏此书之旨，本以救斯宾塞任天为治之末流"，但他在按语中几乎没有批评斯氏，反倒为其"任天为治"之说解释。如在"导言五·互争"后的按语中，严复大略介绍了斯氏任天之说，认为"斯宾塞氏之言治也，大旨存于任天，而人事为之辅，犹黄老之明自然"，如人饥饿就要进食等，所以"合群进化之事，凡所当为，皆有其自然者"，重要的是找出规律并顺应之，以人事相辅才是正道。严复认为"任天演自然"，才能"郅治自至"，而且"必日进善，不日趋恶"，使进化论显示一种日趋进步的进化观。

严复在"导言十五·最旨"的按语中再次指出赫胥黎"以物竞为乱源"不妥，"与斯宾塞氏大相径庭，而谓太平为无是物也。斯宾塞则谓事迟速不可知，而人道必成于郅治"。他以1 800余字的篇幅大阐斯宾塞关于进化不仅有益于自然界存优汰劣，也有益于人的进步，认为天演公例"自草木虫鱼，以至人类，所随地可察者，斯宾氏之说，岂不然哉！"在"导言十三·制私"和"导言十四·恕败"的按语中，严复也接连以斯宾塞的理论批赫胥黎"其义隘矣"，"不若斯宾塞氏之密也"。他这些按语明显地表达出他同意物竞天择、适者生存的进化规律适用于人类社会，中国也不例外。他更努力开掘赫氏与天争胜的思想，说"非与天争胜焉，固不可也"。又说"治化愈浅，则天行之威愈烈"。他鼓励说："人欲图存，必用其才力心思，以与是妨生者为斗"，以此告诫国人，中国若不奋起，便有亡国灭种之危。他的按语又常常以惊叹、设问等强势语气收束，加浓气氛，使"洞识知微之士，所为惊心动魄"。

严复不仅在按语里直抒己见，还在翻译中根据摄取的需要，或加译，或减译，或改译，其中也包含着他的摄取（参见王克非 1992）。

对原作的增删和改动本是翻译所不允许的，但严复为了达到他对进化论的特殊摄取目的，给《天演论》塞入了许多他自己的见解和发挥，删改了他认为不必要的内容。赫胥黎的 *Evolution and Ethics* 成了严复摄入进化论的一个载体。

如同按语，加译的部分大致也有一般性的阐释、介绍和特别的导向性的生发、补充。

如"导言三·趋异"开头一大段是严复添加的，说明人虽是万物之灵，"为生类之最贵也"，但仍具生物的一些本性，"与有生之类莫不同也"，方便后面阐述适用于自然界的生物争择进化之理亦适用于人类。这是第一种加译。

另一种"添枝加叶"就不仅仅为了"前后映衬，以显其意"，他要强调斯宾塞的观点，要强化他最关注的自强保种这个问题。

在众多按语中他已附上了斯宾塞的论说，但仍觉不够，而在"导言一·察变"尾部，他将"斯宾塞尔曰：'天择者，存其最宜者也。'夫物既争存矣，而天又从其争之后而择之。一争一择，而变化之事出矣。"等80字强加到赫胥黎书中。这样，《天演论》伊始，"变"就受到了强调。物竞天择既是宇宙万物发展之规律，那么变化就是不可避免的和永恒的，"道不可变"的迷信遂被击破。

从严复的减译也可以窥视他的摄取心态。首先《天演论》书名就是一个经过删减的产物，是从《进化论与伦理学》中删去后者而来的。进化论在当时的西方是已经公认的，问题在于有些人（如斯宾塞等）要将进化论普遍化，解释万事万物的发展变化，有些人（如赫胥黎等）认为它不能简单地用于人类社会，人类不同于自然界，在宇宙过程中还有个伦理过程，所以赫胥黎要将进化和伦理结合起来探讨人类社会问题。严复则没有这样的目的，他关心的是眼前已在进化过程中落伍的中国现实，而且他从来接受的都是斯宾塞的普遍进化观，即用进化论可以解释一切，包括伦理问题。他（1986：1347）认为"善相感通之德，乃天择以后之事，非其始之即如是也"。也就是说，伦理也是进化的产物，自然不能与进化问题并列。所以他删去伦理，而突出"天演"、扩大"天演"的解释能力。这反映了他的普遍进化观。

还有一个重要的删减是关于进化的概念。在"导论一"第7段中，赫胥黎解释进化的含义，说进化一词，"就其通俗意义说，它表示前进的发展，……但其含义已被扩大到包括倒退蜕变的现象"（Huxley 1894/1947：36）。他还在前面解释"最适者"时说："任何一种进化理论，不仅必须与前进发展相一致，而且必须与同一条件下的恒久持续性、与倒退变化相一致"，并强调自己30年来一直反复地坚持这一见解（同上：35）。尽管赫胥黎强调进化兼有前进、存续、倒退之意，但严复不以为然。他的普遍进化观是向前发展的进化观。严复（1986：1393）赞成斯宾塞的观点，物竞天择，导致最宜者存，"故曰任天演自然，则郅治自至也"。书中处处说到"言化者，谓世运必日亨，人道必止至善"（同上：1397）（此句系严之加译），"世道必进，后胜于今"（同上：1360）。所以他将赫氏强调的论点略而不译。

有了加译和减译，改译就不奇怪了，而且改译基本上与加译、减译是同样的目的。有些改译近似"技术性"的，大体上无碍，如对原书"所引喻设譬，多用己意更易"；或"易用中事"之类。但有一些改译涉及关键的概念。赫胥黎在书的后部发表了他的重要意见："社会中的人无疑要受到宇宙演化过程的支配。……生存斗争使那些不大能适应生存环境者趋于灭亡，最强者和自我求生能力最强者趋于制服弱者。但是宇宙演化过程对于社会进化的影响越大，社会的文明就越不发达。社会进步意味着对宇宙演化过程的每一步的抑制，而代之以另一种可称之为伦理的过程。"

严复将此段翻译为《论十六·群治》："人既相聚以为群，虽有伦纪法制行夫其中，然终无所逃于天行之虐……争则天行司令，而人治衰，或亡或存，而存者必其强大，此其所谓最宜者也。当是之时，凡脆弱而不善变者，不能自致于最宜，而日为天行所耘，以日少日灭。故善保群者，常利于存；不善保群者，常邻于灭。此真无可如何之势也。治化愈浅，则天行之威愈烈，惟治化进，而后天行之威损。"

严复译文的第一句，加上了"虽有伦纪法制行夫其中"，与赫的原文已有很大出入。在赫看来，伦纪法制是人类社会作用于宇宙过程的产物，而严以他的"天行人治，同归天演"的观点改变了原文之意。第二句，赫氏说最强者和求生力强者趋制服弱者，严复将不十分确定的这种趋向，译为"存者必其强大"，而且是最宜的，毋庸置疑。然后严复就从"当是之时……"到"……无可如何之势也"，补加了一大句，仿佛是特别提醒国人，不善变保群则临灭之日必至。可见严复的改译颇有用心。

严复的天演不等于进化，而是大于进化，包含进化。进化，以物竞天择原理，易解释"天行"，不易解释"人治"，因为"天行者以物竞为功，而人治则以使物不竞为的"，显然天演更易于将表述自然状态的"宇宙过程"（天行）和表述人与自然关系的"园艺过程"（horticultural process）（人治）综而论之，所以严复两次强调"天行人治，同归天演"。

由此，我们进一步理解了为什么严复不将书名译为《进化论与伦理学》而译成《天演论》。在严复看来，天演是总纲，伦理只是分支，甚至只是分论"人治"的分支，因为严译"人治"（或"治化"）包含关于人与自然关系的"园艺过程"，也包含人与人关系的"伦理过程"，将总纲与分支并列岂不荒唐？这里体现出严复与赫胥黎观点的重要区别。严复在摄取中毫不犹豫地将赫氏也包括斯宾塞书中之"适宜"留存（甚至发挥），而将"不适者"汰除了。经过一加，一减，一改，一案，再加上以中外事例前后映衬，加上以特别的文体和词语所暗含的修辞上的意义，严复的《天演论》已然不再是赫胥黎的《进化论与伦理学》，当然也不是斯宾塞的《天人会通论》或什么书，而是深深地打上当时中国境况中的思想家烙印的进化论。

这种进化论是极富解释力的哲学思想，带着全新的价值观，"举天地人形气心性动植物之事而一贯之"，毋宁说是一种普遍进化观。

这种进化论特别突出"物竞天择、适者生存"的生物进化原理，并彻底地用之于人类社会，用之于民族生存问题已迫在眉睫的中国社会。他不仅以澳大利亚土蜂、中国番薯、俄罗斯的蟋蟀和西班牙的马这些自然界的争择来提醒人们"非最宜不能独存独盛"，更以"美洲之红人，澳洲之黑种"等人类社会的存亡先例作为警戒，而"中国非孤立或为雪山流沙之限"，形势何其险峻。《天演论》通篇"外种闯入，新竞更起""旧种渐湮，新种迭盛""不立者弱，弱乃灭亡""存亡之间，间不容发，其种愈下，其存弥难""物竞既兴，负者日耗，区区人满，乌足恃也哉！乌足恃也哉！"这一类警句，充溢生存竞争、不胜则亡的胁迫感，译者严复的焦虑感，无不使人读之警醒。

这种进化论不留余地地将人类社会纳入宇宙内的生存竞争的竞斗场中，自然绝不是证明中国已是竞争的惨败者而只等弱肉强食的结果了。严复从理论上、逻辑上证明了生存竞争、优胜劣败的不可避免性，正是在向昏庸的士大夫大声疾呼，击一猛掌，正是欲国人唯置之死地而后生。"与天争胜""自强保种"便是译者严复从西方进化论著作中摄取并开掘的第二大要点。"丰者近昌，啬者邻灭。此洞识知微之士，所为惊心动魄，于保群进化之图，而知徒高睨大谈于夷夏轩轾之间者，为深无益于事实也""今者欲治道之有功，非与天争胜焉，固不可也"，这些论述，本身不是阐述进化论，而是希望将进化论推至极限后激起一种反弹。物知争存，何况人乎？在引入了进化论后，这种借进化论而催人奋起的意义也许更为中国人所需要。所以为《天演论》作序的士大夫吴汝纶说，"严子之译是书，……盖谓赫胥黎氏以人持天，以人治之日新，卫其种族之说，其义富，其辞危，使读焉者怵焉知变。"这种进化论，不仅具有普遍性，还具有进步的含意。它略去或淡化了进化论中关于保存、遗传变异和退化的内涵，突出"世道必进，后胜于今"的观念，认为"物变所趋，皆由简入繁，由微生著""任天演之自然，则必日进善，不日趋恶，……合地体、植物、动物三学观之，天演之事，皆使生品日进"，是一种唯变唯进唯新的进化论。这当然比纯科学的生物进化论更具有感染力，因为它的指归是向上、向前的，对处于危境的中国，无异于指出了一条光明的出路。

这就是《天演论》经过严复摄取后的进化论。它与我们前面假定的严复译述《天演论》时的基本心态和构想大致吻合，它表达出严复从斯宾塞学说中吸取的普遍进化观和"三民"思想，即促进保种自强之"本"的一经一纬，它包括了严复在 1895 年春天所撰四篇时论的"变""强""救亡""批旧"的主题，并通过古雅的语言和多方的特殊翻译摄取，成为中国人正迫切需要的天演哲学、总治药方。

5. 进化论思想摄取后的影响

前面我们论述了日本的加藤弘之和中国的严复为何并如何摄取西方进化论思想。显然，加藤弘之和严复都具有深厚的学养，都掌握了翻译摄取西方思想的语言工具，更重要的是他们都处于面临强盛的西方那样一个时代环境而又深怀忧国济世之心，这是他们率先摄取包括进化论的西方思想的共通的基本因素。

但是两人的摄取心态和重点又迥然不同。我们结合考察一下摄取后的情况，对于这一点会看得更加清楚。

5.1 《人权新说》之于日本

日本明治维新以来，上下一心学习西方，追求文明开化、自由平等的思想已普及开来，政治上要求民主的呼声已汇成开设民选议院的建议，自由民权运动逐年高涨。这样的形势对于明治政权是一个很大的挑战，政府方面当然多方压制。加藤弘之在这时发表《人权新说》，以进化论作为理论基础，反驳天赋人权论，虽然满足了他自己国家学说的需要，适应了明治政府的政策，但却立即遭到民权思想家的猛烈而集中的驳斥。《人权新说》1882 年 10 月出第一版，11 月就在《邮便报知新闻》《东京横滨每日新闻》《朝野新闻》《时事新报》等报刊上接连出现反驳加藤弘之的文章（日本近代思想史研究会，1959/1983）。这些报刊上的反驳文章后来汇编成《人权新说驳论集》出版。著名的反驳著作还有马场辰猪的《天赋人权论》和植木枝盛的《天赋人权辩》等（这些都收在《明治文化全集——自由民权篇》中）。

《人权新说》之所以立即遭到反驳，是因为它正值自由民权派与官方争斗最尖锐时，明确地借进化论抨击自由民权运动的理论支柱——天赋人权论，自由民权派的理论家们当然不会沉默退缩。反驳意见主要是：

1）加藤弘之把用于动植物界的进化原理直接搬用到人类社会上来，在理论上是错误的，因为人类社会本质上不同于动植物界，也就不能将适用于前者的学说和适用于后者的原理等同或联系起来。这是争论的关键所在。

2）加藤弘之早就不赞成民选议院，认为时机尚早，现在他又搬出进化论来批驳天赋人权论，进而肯定优胜劣败，维护现存政权和体制，要民众（他心目中的弱者、败者）安于现状。这恰恰与进化论的本质相矛盾。根据进化论，万事万物通过竞争而改进，民众也应通过普选认识自身权利。在参与自由竞争之中，获得进步，从而使社会得到进步（参见松本三之芥 1975/1984：139-140）。

3）直接从分析"天赋人权"的本质入手，指出加藤弘之"权利"的概念是模糊和不合理的。植木枝盛说："天赋人权其实质是天生的人权，它与国家在法律之上建立的权利不同，而加藤弘之想以人的智愚强弱来区别权利，或将权利隶属于权力，都是荒谬的。"他还举例证明"人的权利本不是有实体的物品""人的权利与人的势力是不同的，权利的本质与使用这权利的实力机器不同"（《明治文化全集——自由民权篇》：465-467）。加藤弘之以优胜劣败推导出最优者可掌握大权力，可是人的权利安能由优者凭权力夺去？

加藤弘之的《人权新说》受到的驳斥远远多于得到的支持，这是可以肯定的。加藤弘之本人从这场论战中败下阵去。他后来在《自叙传》中承认自己当时"实在太幼稚气"。因此，他有十年几乎没了声息，但仍在继续潜心研究这个问题，我们从他晚年发表的《强者权利的竞争》《道德法律进化之理》等可以看出来。

另外，从对《人权新说》的即时的强烈反响，从驳论文章的论述，可知其他日本学者也是早已熟悉或知道进化论的。通过《人权新说》以及围绕它而开展的论战使进化论得以普及，也使自由民权思想家利用进化论反思和深化了自己的理论，但进化论在日本始终未成为理论上的一面旗帜或普遍接受的价值观念，这与明治日本的主导思潮是文明开化有关。

5.2 《天演论》之于中国

相反，严复的《天演论》所受到的即时的、热烈的欢迎，所产生的震动效果，大概在近代外来思想摄取史上是绝无仅有的。据统计，《天演论》问世后的十多年间，就出了三十多种不同的版本（王栻 1976），其中，商务印书馆的版本从 1905 年印行，到 1927 年，22 年中，共印 24 次（郭学聪 1959），这也是罕见的。新闻舆论界也反响热烈。《国闻报》在 1897 年最先在报上分期刊登《天演论》，并发表社论。《中外日报》《警钟报》《神州日报》及《东方杂志》《科学》等报刊都不断发表时文，推崇《天演论》，宣传变法、维新的进步思想（参见卢继传 1980）。可见《天演论》之得民适时。可以说，正是上节所述严复天演论——特殊摄取的进化论的几个重点，即，人们从中明白了物竞天择、适者生存的进化原理，认识到与天争胜、自强保种的历史责任，获得了全新的普遍进化进步的价值观。正如鲁迅所点明的，严复引入进化论不是靠"译"而是靠"做"，这个"做"字，就是"摄取"。他的摄取对民众、对知识界发生了导向性影响。

梁启超在《清议报》（1899 年 12 月 3 日）发表文章说，"盖生存竞争，天下万物之公理也；既竞争则优者必胜，劣者必败，此又有生以来不可避之公例也。"蔡元培读《天演论》后说："阅侯官严氏所译赫胥黎《天演论》二卷，大意谓物莫不始于物竞，而存于天择，而人则能以保群之术争胜天行……"物竞天择、适者生存的进化原理既解释物种的演化，又含有世界万物不断变化发展的观点和动感，对端着"天朝上国"的架子、抱着"天不变道亦不变"观念的封建士大夫不啻一帖醒药，对于破除旧礼教旧秩序、积极变法的维新人士，无疑是一针振奋剂。

严复引入进化论的根本目的还是让国人在认识到无情的进化规律后奋起与天争胜，救亡图存，这一点人们也看得清楚。"（严复）之译此书，盖伤吾土之不竞，惧炎黄数千年之种族，将遂无以自存，而惕惕焉欲进之以人治也。""……使人治日即乎新，而后其国永存，而种族赖以不坠，是之谓与天争胜"（吴汝纶语）（严复 1986：1317；1560）。

大多数读者未必细读过《天演论》，其知识的丰富（尤其是有关外国的、各学科的知识）、思想的综述（达尔文、斯宾塞、赫胥黎等）以及语言的古奥（文追先秦而新语踵出），都可能使人难以充分读懂这本书，但急于寻求救亡之路的爱国人士不难从书中处处流露的物竞的紧迫以及作者的焦虑，获得一种感受，一种刺激。《天演论》与其说是一本学术著作，毋宁说像一篇时论，开一时之风气。如当时《民报》第 2 号所说："自严氏书出，而物竞天择之理，厘然当于人心，而中国民气为之一变。"鲁迅也指出当时"进化之语，几成常言"（《人之历史》，《鲁迅全集》第 1 卷：8）。于是西方的解释生物进化的理论，经严复引导式的摄取，成了一种主变、尚新、唯变的进化观，"日进无疆""世道必进，后胜于今"的观念印在了人们心底里。

6．比较分析

为什么在相差不远的年代里，日中两国在摄取和接受进化论思想上会有这么多的差异？答案已经隐含在前面的论述之中，那就是两国不同的处境，规定了对外来思想的不同需要，造就了摄取心态和目的都不同的接受者。

日本虽然也是在 19 世纪中叶为外国人叩开国门，但始终未有强敌入侵的遭遇，国际环境较为幸运，新建立的明治政权鼓励国民"各遂其志"，"破旧有之陋习"，"求知于世界"。维新前后，有识之士、政府要员都纷纷出洋访问强盛的欧美，新气象触目皆是，新感受每日皆生，终于汇成学习西方，文明开化，主张自由、平等、民主的思想主流。因此纵然已接触到了进化论学说，也没有产生像严复等中国的士大夫那样的物竞正烈、"强者后亡、弱者先绝"的痛切感受。这一点也说明，一种学说是否为他国所接受，与何时引入，与本国文化需要，密切相关。

中国这个千年大帝国走到近代已是如牛负重、强弩之末了。鸦片战争之后，英法等强敌不断侵扰，国势日危，到 1894 年，竟然被历史上一直"称臣"的东邻小国日本打败，一种民族危亡的沉重情绪笼罩在中国人的心头。这时，自由的思想无能，平等的思想无力，民主的思想无助，因为它们似乎都有如远水而解不了近渴，于是进化论思想呼之而入，接上了古代的变易思想，对上了近代变法思想。这个"变"和"进"是最需要的，它打开了突破口，由此，自由平等民主等西方思想才可以在它的呼唤下顺利涌入。我们不难设想，无论《天演论》早十年或晚十年出现，都不可能具有它在1898年出现时产生的启世效应。

　　一种学说的产生与所处环境所处背景相关，同样，一种新思想的输入和摄取也与所处环境所处背景相关，后者决定了摄取的轻重缓急，也影响了摄取的重心。自鸦片战争后，近代中国就一直为外国诸强的武装侵略和封建专制的腐朽统治所困扰，是封闭守旧，还是变革图新，是这一时期的主题，也是思想家所希望从理论上、哲学上解决的问题。魏源从古代朴素的辩证发展思想寻找依据，提出变法更制，并"师夷之长技以制夷"。薛福成、郑观应等虽然也多方提出变革社会，发展民族资本主义，但仍为"器可变，道不可变"的传统观念所束缚；康有为等维新派吸收了一点达尔文生物进化论的观点，提出"人道进化……盖自据乱进为升平，升平进为太平"的三世说（参见康有为《论语注》），可是仍需托古改制，未能挣脱几千年的封建传统思想，特别是发展上的保守性和循环论思想的影响（参见李军1985）。他们提出了变法的要求，但是理论依据离不了陈旧的哲学，不能适应近代社会的发展。正是在这样的社会危机、哲学危机的情势下，严复从西方寻到了真理。他凭借进化论思想，抨击中国"好古而忽今"，张扬西方"力今以胜古"，突破了传统的循环、保守的历史观，带来了竞争的、主变的、图新的进步历史观。因此，他的《天演论》不单是引进了一种西方思想，而且起到了顺应时代的需要、变革陈旧哲学思想的作用。

　　加藤弘之学术思想活动主要是在明治维新之后，他关注的问题是国家政体，虽然他早期如同其他启蒙学者一样具有民权思想，反对封建君主专制。但是明治政权逐渐巩固后，需要国家有一个相对集中的权力，支持国权的国家主义学说便在接近政府的加藤弘之的思想中占了上风。民权的基础是"天赋人权"，即人民的权利与生俱有。国权则认为人民的权利是国家给予的，法律给予的，国权强才民权强，国家强大才能赋予和保障人民的权利。加藤弘之找到进化论作为武器，以便从根本上驳倒"天赋人权论"，并为他的国家主义学说提供依据。因此他摄取进化论，第一是指出人是从动物进化而来，并非造物主特别恩惠，也就没有什么"天赋人权"。第二是强调科学的生物进化原理当然适用于从自然界进化而来的人类，而生存竞争的结果就是优胜劣败，并断定这是永久不易的定则。他如此摄取进化论，其着眼点自然是为了证明权利也是随着优胜劣败的竞争而增进的。

严复摄取进化论时所处的环境与加藤弘之的不同，因此他的摄取强调物竞天择、适者生存的生物进化规律的普遍性，把它用来描述和解释人类社会的发展变化，并相信这样的进化一定导致自然界或社会进步。在他的摄取中，斯宾塞的影响是明显而强烈的。从严复对斯宾塞的钦佩，对其著作的研读与熟悉，再结合他的《天演论》的翻译，我们可以认为，严复在试图使《天演论》成为一种"会通哲学"或者说"天演学"。一般研究者认为他引进的是社会达尔文主义，其实他并非为此。他的眼光更高，他需要的是"天人会通"的哲学境界（借此，中西思想更易沟通）。但另一方面，他要考虑中国的现实。因此，他翻译赫胥黎，引入进化论，着眼点则在"自强保种"，这是他与加藤弘之的最大区别。

进化论引入中国的前后，始终围绕着自强保种这个主题，因为近代中国一直处于列强欺凌的困境。进化论在日本似乎从来没有引出这样的问题。作为一个民族，日本人没有感到自然淘汰的危险，随着开放和进步，倒越来越觉得自己是善于生存的适者。加藤弘之突出优胜劣败，自有他的政治目的，似乎也不无以优者、强者自居的心态。他晚年仍一再强调强者权利，已有为日本以强凌弱辩护，甚至使欺凌合法化的意味了。

还有一点值得注意，这就是，接受和引入进化论的加藤弘之和严复都不赞成民权共和，而拥护君主立宪，在政治上比较保守。如前所述，加藤弘之早期接受了天赋人权思想，但读了进化论著作后，思想转而攻击民权运动，当然这里面不仅是他自己说的受进化论的影响，还跟他一贯的立场和日本当时的国家形势有关。严复虽然在早期的论述中也大讲"民之自由，天之所畀""身贵自由，国贵自主"，提倡民权思想。但他毕竟深受斯宾塞进化思想的影响，认为中国的实情是积贫积弱，人民的智、德、力低下，还谈不上民权。他的渐进进化思想使他反对革命，反对废弃君主，说"其时未至，其俗未成，其民不足以自治也""嗟呼！以今日民智未开之中国，而欲效泰西君民并主之美治，是大乱之道也"。这种认识后来由于维新变法的失败而更加偏执。他责怪康、梁等维新派"轻举妄动，虑事不周。上负其君，下累其友"，还批评卢梭《民约》所谓民生而平等自由是"虚构理想，不考事实"。后又撰《民约平议》一文全面抨击之；"以药社会之迷信"。这些见识与加藤弘之认为当时日本民众尚处暗昧愚蒙之中、万民共治为时尚早的看法何其相似，真可视作他们接受进化论并深受其渐进进化之影响的一个契合点。

英国哲学家罗素（1986）分析达尔文进化论用之于社会的原因时说，达尔文理论关于所有生物同源共祖发展而来的观点已得到普遍承认，而把生存竞争和适者生存作为生物进化之根源的学说是有争议的。但是，"生物学的威信促使思想受到科学影响的人们不把机械论的范畴而把生物学的范畴应用到世界上，认为万物都在演化之中……在政治上，当然造成强调和个人相对立的社会。这和国家的权力逐渐增长是谐调的，和民族主义也是谐调的，因为民族主义可以引用达尔文的适者生存说，把它应用于民族而不应用于个人。

我们不难发现，罗素的上述见解可以部分地解释近代中日对西方进化论的摄取。在日本，随着明治政府的国家权力的增长，加藤弘之引入的进化论就被用来解释和民众个人趋于对立的社会和国家，并强调后者的权力。在中国，达尔文的适者生存说应用于说明民族之存亡，并且被强调和激化，造成爱国主义热情的高涨。对于一般民众，这一科学学说确实是在理解得不完全的情况下接受的，并形成生物进化论以外的概念。不过罗素没有注意到，中国和日本的学者把达尔文的生存竞争学说同是应用到民族，却也产生两种不同的结果。如日本以此表明它的民族是竞争中的强者，为强权行为进行辩解，中国则用它来说明必须在生存竞争中奋起自强保种。通过对进化论思想的不同心态和目的的摄取，都能极其自然地将它用来认识和解决本国现实问题。

最后，从整体摄取看，进化论的三个要素在中日的译介中基本没有遗漏。万物同源共祖的论点，加藤弘之和严复都予以吸收，说"人为生类中天演之一境"，这是他们认为人类也不出生物进化原理的最好根据。渐进进化的观点对他们二人也都有影响。加藤弘之反对天赋人权论者的激进主义和"轻躁急遽的手段"。严复（1986：25）只承认历史渐进发展，"宇宙有至大公例"，曰："万化皆渐而无顿"（《严复集》（五）·政治讲义）。这也是受斯宾塞的影响，"民之可化，至于无穷，惟不可期之以骤"。他提出"三民"，也是主张教育和启蒙，而不赞成激进的革命。关于生存竞争、适者生存的观点，加藤弘之和严复都最为看重，并极力渲染进化原理对于人类社会的意义，都具有普遍进化论色彩，只不过两人心态不同，目的各异。

参考文献

- 卞崇道. 加藤弘之早期启蒙哲学思想述评——从《邻草》到《国体新论》[J]. 日本学论坛, 1986（1）: 30-36.

- 郭学聪. 达尔文学说在我国的传播 [J]. 生物学通报, 1959（11）: 511-516+541+543-544.

- 郭正昭. 达尔文主义与中国 [M]// 张灏等. 近代中国思想人物论——晚清思想. 台北: 时报出版公司, 1980.

- 贺麟. 严复的翻译 [M]// 商务印书馆编辑部. 论严复与严译名著. 北京: 商务印书馆, 1982.

- 赫胥黎. 进化论与伦理学 [M]. 北京: 科学出版社, 1971.

- 井上清. 日本现代史 [M]. 北京: 生活·读书·新知三联书店, 1956.

- 李军. 进化论在近代中国传播和发展的原因 [J]. 天津社会科学, 1985（6）: 25-30+36.

- 卢继传. 进化论的过去与现在 [M]. 北京: 科学出版社, 1980.

- 罗素. 西方哲学史（下）[M]. 马元德, 译. 北京: 商务印书馆, 1986.

- 商务印书馆编辑部. 论严复与严译名著 [G]. 北京: 商务印书馆, 1982.

- 汪子春, 张秉伦. 达尔文学说在中国的传播和影响 [M]//《进化论选集》编辑委员会. 进化论选集. 北京: 科学出版社, 1983.

- 王克非. 从中村正直和严复的翻译看日中两国对西方思想的摄取 [J]. 外语教学与研究, 1989（4）: 7-22+79.

- 王克非. 论严复《天演论》的翻译 [J]. 中国翻译, 1992（3）: 6-10.

- 王栻. 严复传 [M]. 上海: 上海人民出版社, 1957.

- 王中江. 严复与福泽谕吉——中日启蒙思想比较 [M]. 开封: 河南大学出版社, 1991.

- 严复. 严复集 [G]. 王栻, 编. 北京: 中华书局, 1986.

- 振甫. 严复的中西文化观 [J]. 东方杂志, 1937（1）.

- BARKER E. Political thought in England from Herbert Spencer to the present day [M]. London: Williams & Norgate, 1915.

- HUANG P. Liang Ch'i-ch'ao and modern Chinese liberalism [M]. Seattle & London: University of Washington Press, 1972.

- HUXLEY T H. Evolution and ethics [M]. London: The Pilot Press Ltd, 1894/1947.

- SCHWARTZ B. In search of wealth and power: Yen Fu and the west [M]. Cambridge, Mass: Harvard University Press, 1964.

- SOLBRIG O T, SOLBRIG D J. Introduction to population, biology and evolution [M]. London: Addison-Wesley Publishing Company, 1979.

- 八杉亀一. 進化論暦史 [M]. 東京: 岩波書店, 1969.

- 田畑忍. 加藤弘之 [M]. 東京: 吉川弘文馆, 1959/1986.

- 加藤弘之.『真政大意』、『国体新论』、『人权新说』[G]. 植手通有（编）.『明治文化全集・自由民権篇』;『憐草』、『立憲政体略』、『经暦談』, 1973/1981.

- 明治文化研究会. 明治文化全集（二）・自由民権篇 [G]. 東京: 日本評論社, 1927/1967.

- 明治文化研究会. 明治文化全集（二十七）・科学篇 [G]. 東京: 日本評論社, 1927/1967.

- 植手通有. 日本名著・西周, 加藤弘之 [G]. 東京: 中央公論社, 1973/1981.

- 彭沢周. 日中两国初期民权思想进化論 [J]. 史林, 1971, 54: 1-27.

图书在版编目（CIP）数据

翻译：文化传通 / 王克非著. -- 北京：高等教育
出版社，2023.6（2024.6重印）
（英华学者文库 / 罗选民主编）
ISBN 978-7-04-060338-5

Ⅰ. ①翻… Ⅱ. ①王… Ⅲ. ①翻译－文集 Ⅳ.
①H059-53

中国国家版本馆CIP数据核字（2023）第064447号

FANYI: WENHUACHUANTONG
—WANG KEFEI XUESHU LUNWEN ZIXUANJI

策划编辑	出版发行	高等教育出版社
肖　琼	社　　址	北京市西城区德外大街4号
秦彬彬	邮政编码	100120
	购书热线	010-58581118
责任编辑	咨询电话	400-810-0598
常少华	网　　址	http://www.hep.edu.cn
		http://www.hep.com.cn
封面设计	网上订购	http://www.hepmall.com.cn
王凌波		http://www.hepmall.com
		http://www.hepmall.cn
版式设计	印　　刷	北京中科印刷有限公司
王凌波	开　　本	787mm×1092mm　1/16
	印　　张	15.25
责任校对	字　　数	220千字
聂　艳	版　　次	2023年6月第1版
	印　　次	2024年6月第2次印刷
责任印制	定　　价	82.00元
赵义民		

本书如有缺页、倒页、脱页等质量问题，
请到所购图书销售部门联系调换

物　料　号　60338-00